ÁNGELES
ARCÁNGELES Y FUERZAS INVISIBLES

ÁNGELES

ARCÁNGELES Y FUERZAS INVISIBLES

SEGÚN

EDGAR CAYCE

ROBERT J. GRANT

Prólogo de G. Scott Sparrow, Ed.D.

Libros Iluminados • Virginia Beach • Virginia

Título original: *Edgar Cayce on Angels, Archangels and the Unseen Forces*

Traducción: Ana Bravo
Diseñio de cubierta: Carol Hicks
Ángeles de la portada provienen de la acuarela
«El Santo Sepulcro» por William Blake (1757-1827).

De la presente edición en castellano:

A.RE. Press/Libros Iluminados
215 67th Street
Virginia Beach, VA23451-2061 U.S.A.

Del texto bíblico tomado de la Santa Biblia,
Nueva Versión Internacional:

De las lecturas de Edgar Cayce:

Tercera impresión: septiembre de 2023
Impreso en los Estados Unidos de América.

Library of Congress Cataloging-in-Publication Data
Grant, Robert J.
[Edgar Cayce on angels, archangels, and the unseen forces. Spanish]
Ángeles, arcángeles y fuerzas invisibles segun Edgar Cayce / Robert J. Grant;
prólogo de G. Scott Sparrow.
p.cm.
Incluye referencias bibliográficas.
ISBN 978-0-87604-537-4
1. Angels. 2. Spiritual life. 3. Cayce, Edgar, 1877-1945. I. Title
BL477.G7418 2007
235'.3—dc22

2007021021

Dedico este libro con amor
a mi padre y a mi madre:
George H. y Mary Lou Grant

Índice

Índice de láminas

Las láminas incluidas en este libro son detalles de ilustraciones de Gustave Doré, seleccionadas entre las que realizó para *Paraíso perdido* de John Milton, *La Divina Comedia* de Dante y la Biblia.

Prólogo

En Occidente hemos llegado a depender de la evidencia científica para respaldar nuestras teorías sobre el mundo y los misterios que nos siguen desconcertando. Dada esta orientación empírica tan pertinaz, me sorprende que tanta gente siga creyendo en Dios, en una época en la que Dios nos parece tan inalcanzable. ¿Cómo se mantiene la fe? Si arañamos la superficie de la fe, solemos descubrir que los creyentes disponen de pruebas experienciales sorprendentemente ricas y variadas de la presencia de Dios en su vida. Por lo general, han tenido sueños, visiones y vivencias inexplicables que constituyen el fundamento personal de su fe en lo Invisible.

La religión organizada no siempre ha visto con buenos ojos este tipo de experiencias. Desde la Reforma, los protestantes en particular miran con recelo cualquier cosa, por sublime que sea, que se interponga entre el individuo y su Dios. Cuando la jerarquía sacerdotal quedó eliminada en el intento de Martín Lutero por acabar con lo que entonces se percibía como barreras entre nosotros y Dios, también se rechazó la jerarquía espiritual de los ángeles y de los santos. La distancia que los protestantes debían salvar para relacionarse con Dios quedó súbitamente desprovista de mediadores humanos o divinos.

Como era de esperar, esta situación no pudo mantenerse. Porque, siempre que se reprimen anhelos espirituales legítimos —o que se consideran irrelevantes o «irreales»—, éstos acaban resurgiendo por doquier en experiencias privadas individuales. Lo estamos presenciando de forma espectacular, en libros como *Ángeles, arcángeles y fuerzas invisibles* de Robert J. Grant. Las apariciones de María, los encuentros con Cristo y la manifestación de los ángeles son pruebas convincentes de que Dios nos tiende la mano a través de esa estéril línea divisoria.

He descrito en otro contexto los encuentros con Cristo que se producen en nuestros días (*I Am with You Always*, publicado por Bantam Books en 1995). Por tanto, he reflexionado a menudo sobre la relación existente entre los ángeles y Cristo, no tanto desde un punto de vista teológico como desde una perspectiva psicológica, es decir, desde el punto de vista de la necesidad humana. ¿Por qué *necesitan* ángeles las personas, y en qué difiere esta necesidad de su necesidad de un Maestro o Redentor más humano?

Se me ocurre que los ángeles siempre han sido la voz personal, aunque no humana, de Dios. Son, esencialmente, *emanaciones* de la Realidad superior que, no obstante, no llegan a encarnarse plenamente. En comparación con los maestros y ministros humanos, se mantienen para siempre inmaculados y sin mancillar por la vida ordinaria. Los ángeles confieren a Dios una especie de dimensionalidad enrarecida, como las facetas de una gema que reflejan y revelan su belleza intrínseca. Son como rayos coloridos de una única Luz, que otorgan un matiz particular a algo que, de por sí, lo abarca todo y carece de concreción. Yo pienso que necesitamos esta dimensionalidad para concebir un plan de vida. Porque no suele resultar suficientemente satisfactorio contemplar una totalidad nebulosa cuando aquí en la tierra estamos luchando con problemas muy concretos.

Los ángeles tienen un gran significado psicológico porque acercan lo Divino a la esfera de lo humano. Pero, si los ángeles tienen que ver con las *emanaciones* de Dios, Cristo tiene que ver con la *encarnación* de Dios, un paso más allá en el proceso de la expresión de Dios de forma personal.

Inspirándose en varias fuentes, Robert J. Grant demuestra que un ángel en particular, el arcángel Miguel, intervino para encauzar la encarnación de Cristo. Asimismo, Miguel parece estar terciando en los asuntos de la humanidad mientras se vislumbra un nuevo rumbo. Da la impresión de que este ángel supervisa las manifestaciones de Dios al mundo. Es, por decirlo de algún modo, el ángel de la *encarnación.*

Para los lectores no cristianos, es interesante apuntar que la relación existente entre Dios, los ángeles y la encarnación de Dios se describe de forma similar en otras religiones. En el budismo Mahayana, por ejemplo, el universo se representa mediante el *mandala* sagrado, un diseño circular que describe la relación entre lo Divino y el mundo de los fenómenos. En el centro del mandala reside Vairocana, el Buda primordial. Representado por una luz blanca, Vairocana se parece mucho a nuestra deidad trascendental que lo abarca todo y carece de concreción. Ahora bien, en torno a él están los cuatro Budas *dyani* que, como los ángeles, nunca se han encarnado. Cada uno de ellos expresa un atributo particular de la unidad divina, tal como la sabiduría de la observación profunda o la sabiduría de la igualdad. Un Buda *dyani* en particular —Amoghasiddhi— representa la sabiduría que todo lo logra, el impulso que induce a la expresión material de lo Divino. Al igual que Miguel, este Buda se mantiene en cierto modo apartado del resto, ya que supervisa el proceso de la encarnación.

No debe sorprendernos la importancia que esta entidad angélica reviste para el budismo Mahayana. Porque, a diferencia de otras formas de budismo, el Mahayana subraya que el logro más elevado para cualquier alma es el *regreso a la tierra* en forma de ser iluminado, encarnarse para iluminar el mundo. No es, por tanto, de extrañar que los seguidores del Mahayana observen la práctica de desplazar a Vairocana del centro a la periferia del mandala, para sustituirlo en el centro por Amoghasiddhi. Al meditar sobre esta nueva configuración, se afirma la importancia de la *encarnación* con respecto a la *emancipación*: una vida de servicio, incluso por encima de la libertad que aportaría la superación del ciclo de renacimiento.

De este modo, podemos estar en comunión con ángeles, Budas

dyani y otros seres arquetípicos que expresan la dimensionalidad de Dios. También podemos comulgar con esa fuerza angélica cuyo impulso es traer a Dios entre nosotros, para que viva como expresión completa de lo infinito en lo finito.

En este edificante y bien documentado libro, Robert J. Grant describe con acierto a los ángeles desde una variedad de perspectivas, sin dar a estos seres un nivel excesivo de concreción. Ampliando el alcance de los fenómenos angélicos e incluyendo campos que no suelen vincularse con los ángeles en sí, el autor nos recuerda que nuestro principal tema de atención es una intervención espiritual que puede adoptar una diversidad de formas. Ofrece así la posibilidad de que cada uno perciba esta intervención conforme a su propio sistema de creencias.

En uno de los encuentros con Cristo que describo en mi obra *I Am with You Always,* una mujer ve un Ser de Luz en el bosque y pregunta: «¿Quién eres?» El Ser contesta: «Algunos me llaman Buda y otros me llaman Cristo». Ella replica: «No conozco a Buda». El Ser responde: «Entonces soy Cristo». Esta experiencia sugiere que a Dios no le preocupa nuestra necesidad de experimentarlo conforme a nuestros orígenes y creencias: el Espíritu es grata y amorosamente complaciente. Tal vez deberíamos sentirnos libres para permitirnos y permitir a los demás entablar una relación con lo Divino a través de la rica diversidad de formas vitales que están a nuestro alcance. Para muchos de nosotros hoy en día, escuchar a los ángeles puede ser una de las mejores vías para alcanzar una comunión con nuestra naturaleza espiritual más profunda capaz de cambiar nuestra vida.

G. Scott Sparrow, Ed.D.

Prefacio

Desde hace mucho tiempo me fascina la creencia según la cual los ángeles pueden guiarnos, influenciarnos, dirigirnos e inspirarnos en nuestra vida desde esferas invisibles. La realidad de los ángeles se convirtió para mí en una convicción cuando trabajé con enfermos terminales en una residencia de cuidados paliativos. Presencié cómo muchas personas, liberadas del dolor en las últimas horas de su vida, hablaban con lucidez de sus visiones de ángeles que habían acudido en su ayuda «desde el más allá». Tales experiencias eran un alivio, no sólo para el paciente, sino también para las familias, que deseaban para sus seres queridos a punto de morir un respiro con respecto a su enfermedad, en particular los estragos del cáncer o del SIDA.

Según me han relatado muchas personas que prestan servicios voluntarios para enfermos terminales, las visiones de ángeles en el lecho de la muerte son especialmente frecuentes en los niños. Yo no creo que se trate de alucinaciones debidas a la medicación o al dolor intenso. Así como contamos con un equipo de médicos y enfermeros que ayudan en la sala de parto cuando un niño nace en este mundo, creo que existen espíritus, ángeles y guías que ayudan al moribundo, cuando un alma está «naciendo» en el más allá. Realicé una encuesta informal entre amigos y colegas, y descubrí que un número asombrosamente elevado de personas creían haber tenido un encuentro con un ángel. Tales historias me llevaron a concebir el presente libro y a examinar el panorama más amplio de la influencia de los ángeles durante nuestra vida.

Se han dedicado muchos libros a la realidad de los ángeles y su interacción con la humanidad. En éste, he intentado establecer que las actividades de los ángeles en nuestro tiempo no son en absoluto obra del azar, sino que su interacción traduce una intencionalidad que trasciende la transformación individual. Se está produciendo actualmente en nuestra cultura un cambio o transformación global que, junto con la influencia de los ángeles, representa una posibilidad apasionante: estamos en los albores de una época de gran despertar y realización espirituales, y los ángeles nos están ayudando en este despertar.

Otro tema de interés, que me impulsó a escribir este libro, es la fascinante vida del «profeta durmiente» Edgar Cayce, en cuyas obras y lecturas psíquicas me he apoyado ampliamente. La vida de Cayce se vio drásticamente alterada por la influencia de los ángeles. Su encuentro real con uno de ellos a la edad de trece años fue para él la «punta del iceberg»: a partir del mismo se convirtió en uno de los psíquicos más destacados del mundo, ayudando a miles de personas a lo largo de su vida con su don único y peculiar. Tras su encuentro con el ángel, Cayce lograba entrar en un estado de sueño autoinducido y respondía con exactitud a cualquier pregunta que se le formulara. La veracidad de estas respuestas ha quedado bien documentada mediante su extraña habilidad para diagnosticar enfermedades y prescribir tratamientos a personas que nunca había visto ni conocido. En una época más tardía de su vida, la gente le hizo preguntas sobre la naturaleza de los ángeles y arcángeles, y su papel en la humanidad. Sus «respuestas» transmiten una visión fascinante, no sólo de los arcángeles y ángeles de la guarda, sino también del propósito que cumple su manifestación en nuestra época.

La información que Cayce proporcionó estando dormido recibe el nombre de «lecturas», de las que existen más de 14.000. Cabe afirmar con exactitud que el encuentro de Cayce con un ángel fue el primer paso en su andadura por el siglo veinte como profeta y vidente de nuestros tiempos. El ángel lo condujo a una realidad que superaba la que él conocía hasta entonces. Yo creo que esto es lo que ocurre en toda experiencia con ángeles. El contacto o experiencia inicial constituye el *comienzo.* He escrito este libro con el objeto de examinar el panorama más amplio de la influencia de los ángeles sobre nuestro desarrollo espiritual personal: estamos siendo llevados hacia una realidad espiritual superior, no sólo por los ángeles, sino por Dios, que nos envía estos mensajeros angelicales.

Es verdad que la interacción de la humanidad con los ángeles se ha venido produciendo en todas las épocas. Sin embargo, existen momentos críticos en la evolución del planeta en los que la presencia de los ángeles ejerce mayor influencia. Considero que la época actual es uno de esos momentos. La información contenida en las lecturas psíquicas de Cayce indica que nos encontramos en el período más importante de la historia, un período en el que la espiritualidad se está volviendo a despertar en la mente de personas de todos los rincones del mundo. Como ocurrió hace 2.000 años en la época de Cristo, de nuevo los ángeles están proclamando este ascenso de la conciencia espiritual. Mi fe en esta creencia se apoya en más de quince años de investigación y estudio de las lecturas de Cayce. Además de aportar información sobre los ángeles, Cayce recibió *mensajes directos de los ángeles* en sus lecturas psíquicas, que incluso hoy son aplicables a cada uno de nosotros. Estos edificantes mensajes nos están siendo brindados como preparación a una conciencia espiritual superior, que está empezando a nacer en nuestros días. Sin embargo, depende de nosotros reconocer y a la vez ser parte de esta creciente conciencia espiritual, o bien no hacerle caso y seguir inmersos en nuestra vida material.

Me sorprendía que no se hubiera escrito ningún libro sobre la comunión de Cayce con los ángeles. Se trata de un tema importante, porque sus experiencias confirman que no estamos solos en nuestros empeños cotidianos y que nos queda mucho por descubrir de la influencia que los ángeles ejercen con relación al desarrollo espiritual de la conciencia. Este concepto trasciende el «fenómeno angélico» y conduce a la idea de que la humanidad está cambiando, creciendo y ampliando su conocimiento de la actividad espiritual del mundo material. Espero que el presente libro ayude al lector, no sólo a comprender las influencias angelicales, sino a reconocer que una llamada espiritual nos hace señas a cada uno de nosotros en nuestro propio camino.

En 1933, un joven acudió a Edgar Cayce para preguntarle acerca de la actividad psíquica y angélica. Quería saber en qué consistía la facultad psíquica más elevada. Cayce respondió: «El que Dios Padre hable directamente con los hijos de los hombres, tal y como Él ha prometido»[1]. Creo que los ángeles son las *voces directas* que Dios utiliza para hablar con nosotros —si tan sólo escucháramos—. Otras fuentes incluidas en este libro —Rudolf Steiner, George Ritchie, C.S. Lewis, Emanuel Swedenborg, *El Libro de Enoc*, la Biblia, etc.— así como las lecturas de Cayce, conciben la idea de la comunicación con los ángeles como un paso necesario en nuestro viaje hacia la comunión consciente con Dios.

Personas de todas las clases sociales que han vivido encuentros con ángeles conservan un entendimiento inconcebible que sobrepasa la mera creencia espiritual: saben sin lugar a dudas que Dios existe y que posee un conocimiento íntimo de ellos y los cuida con amor. Muchos piensan que los ángeles han sido enviados para recordarnos que, en medio de nuestras penas y aflicciones, siempre existe la esperanza de que nos quiere y vela por nosotros un Creador que rebasa nuestro ámbito de entendimiento. Yo, personalmente, creo que el Creador nos está enviando a los ángeles para que nos podamos dar cuenta de la escasa diferencia que separa el mundo que está a la vista del mundo Invisible. Nuestra conciencia se está acercando al punto de una comprensión plena y más clara, no sólo de nosotros mismos como almas, sino de nuestra relación con Dios. Esto forma parte, en mi opinión, del mensaje superior de los ángeles.

Agradecimientos

Se agradece a los siguientes editores su autorización para reproducir partes de sus publicaciones:

Dover Books, por las reproducciones de Gustave Doré utilizadas para ilustrar el presente libro.

Return from Tomorrow, de George C. Ritchie, M.D., junto con Elizabeth Sherrill. Copyright © George C. Ritchie, M.D., 1978. Reproducido con autorización de Baker Book House Company.

The Boy Who Saw True, Anónimo, con Introducción, Epílogo y Notas de Cyril Scott. Copyright © C.W. Daniel Company, Limited, 1953. Reproducido con autorización de C.W. Daniel Company, Ltd., Publishers, 1 Church Path, Saffron Walden, Essex CB10 1JP, Reino Unido.

Creating with the Angels—An Angels-Guided Journey into Creativity, de Terry Lynn Taylor. Copyright © Terry Lynn Taylor, 1993. Reproducido con autorización de H. J. Kramer, Inc., P.O. Box 1082, Tiburon, CA 94920.

Know Your Angels—The Angel Almanac with Biographies, de John E. Ronner. Copyright © John E. Ronner, 1993,. Reproducido con autorización de Mamre Press, 107 Second Avenue, Murfreesboro, TN 37130.

Todas las citas bíblicas proceden de la Santa Biblia: Nueva Versión Internacional © 1999 por la Sociedad Bíblica Internacional. Las citas de *El Libro de Enoc* se han tomado de la traducción de Richard Laurence; Londres: Kegan, Paul, Trench & Co., 1883.

Association for Research and Enlightenment, Inc. (A.R.E.), es una organización compuesta por socios dedicada a quienes se interesan por el estudio y la utilización de las lecturas psíquicas de Edgar Cayce.

Con fines de referencia y para preservar la anonimidad, se ha asignado un número a cada una de las personas que recibieron una lectura de Cayce, y este número figura en la lectura en lugar del nombre de la persona. Así, por ejemplo, la lectura 3902-2 fue realizada para la persona a quien se asignó el número 3902. Esta lectura concreta fue la segunda que esa persona obtuvo de Cayce. Los números de lectura correspondientes a los extractos utilizados en este libro figuran en las Notas finales.

1

No estamos solos

Porque él ordenará que sus ángeles te cuiden en todos tus caminos. Con sus propias manos te levantarán para que no tropieces con piedra alguna. ~Salmos 91:11-12

Un Lázaro de nuestros días

El doctor George Rodonaia, un médico, psiquiatra y científico ruso, se encontraba en graves apuros. Sin sospecharlo, había rebasado sus límites. Por lo que él sabía, la Unión Soviética sólo conocía su labor como profesor de cursos doctorales en la Universidad de Georgia. Pero el doctor Rodonaia se equivocaba. El KGB seguía su pista como disidente político y estaba al corriente de sus actividades secretas con el movimiento clandestino. Su principal misión dentro de éste consistía en el traslado a escondidas de disidentes desde Rusia hacia Estados Unidos y otras naciones democráticas. El grupo imprimía hojas informativas, se relacionaba con otros grupos de ideología similar y se apresuraba a movilizar gente a favor de una revolución pacífica. El comunismo resultaba inaceptable para el doctor Rodonaia, que estaba entregado a ideales de libertad.

El Kremlin sabía que el estimado profesor era el enemigo, y llevaba muchos meses planeando su asesinato. Irónicamente, el doctor Rodonaia se sentía en lugar seguro; había logrado conseguir una visa de salida y había sido invitado a los Estados Unidos, debido en alto grado a sus trabajos en el campo de la ciencia, la medicina y la enseñanza universitaria.

En Rusia también había alcanzado una reconocida posición. Se había doctorado en psicología, teología, ciencias y lenguas orientales. Se encontraba de buen humor cuando llegó al aeropuerto para reunirse con los miembros de su familia que le esperaban para marcharse con él a Estados Unidos. Al fin iba a dejar atrás a Rusia para llevar una vida libre de las limitaciones y la opresión del comunismo. No vio el automóvil que se hallaba detenido a menos de una cuadra, ni vio tampoco a los vigilantes oficiales del KGB que seguían sus movimientos.

Cuando el doctor se bajó de la acera para cruzar la avenida de cuatro carriles que llevaba a la terminal del aeropuerto, un agente del KGB arrancó de pronto su abollado cuatro puertas y bajó a toda velocidad por la avenida para alcanzarlo. El doctor sólo tuvo tiempo para ver el automóvil que se acercaba. Quedó paralizado. El automóvil lo embistió a cuarenta y cinco millas por hora, lanzándolo sobre la calle, fracturando su cráneo y partiéndole el cuello y la columna vertebral. Los agentes del KGB huyeron a toda velocidad tras el asesinato. Acudieron espectadores curiosos. Cuando llegó la ambulancia, el doctor Rodonaia había muerto.

Los auxiliares médicos cargaron su cuerpo en la ambulancia y lo llevaron al depósito de cadáveres de la ciudad. La autopsia debía realizarse al cabo de unos días. Éste hubiera sido el final habitual de la historia del doctor Rodonaia, pero a los tres días volvió en sí inexplicablemente y reveló que había vivido experiencias extraordinarias en el mundo de los muertos.

El alma del doctor Rodonaia observó cómo retiraban su cuerpo de la calle desde una peculiar posición de ventaja: por encima de esta escena, vio en su totalidad los últimos momentos de su vida y cómo colocaban su cadáver en una cámara frigorífica.

Con extraña indiferencia, dirigió su atención hacia su insólito entorno. Oscuridad. Tinieblas. Negrura.

¿Dónde estoy?, pensó. *¿No estoy muerto?* Ni un rastro de ansiedad. Flotando en un mar de satisfacción, el doctor Rodonaia no sentía ni dolor ni angustia.

Un minúsculo punto de luz empezó a asomar en la oscuridad.

La luz fue creciendo gradualmente, y él se sintió atraído hacia ella. Al acercarse a esta luz, experimentó una felicidad y una paz inmensas. Después, quedó absorto en el resplandor. Aunque estaba solo, se sentía completamente rodeado de un amor inconmensurable. No veía a nadie; ningún guía, ningún familiar fallecido había acudido a acogerlo.

Se dio cuenta de que la luz no era una persona, sino una inteligencia —viva— más viva que cualquier persona que había conocido hasta entonces. Había mundos dentro de la luz. De pronto vio que ésta se dividía en sectores: otros seres dentro de un Ser mayor. Observó que él también era una «luz» como la esfera en la que se encontraba. Tratando de explorar estos cuerpos radiantes, se vio de inmediato inmerso en unas esferas de luz. Éstas tenían nombre: Sabiduría y Conocimiento. Dos esferas diferenciadas de inteligencia, pero con una fuente común.

Al doctor Rodonaia le maravilló que la Sabiduría y el Conocimiento que estaba experimentando fueran inteligencias que superaban su imaginación: eran las Fuentes de todo aquello que puede aprenderse en el mundo físico. Más tarde pensaría, al despertar, que esas esferas celestes abarcaban el espíritu humano pero eran más grandes, mucho más grandes que cualquier cuerpo o ser terrenal. Al desplazarse por la infinidad de esa luz, tuvo una especie de conocimiento universal. En cuanto formulaba una pregunta en su mente, surgía una respuesta instantánea. El doctor Rodonaia estaba fascinado, porque era un científico y nunca se había detenido a pensar en la supervivencia del alma después de la muerte. Le invadió una alegría más plena que cuantas había sentido en la tierra, y se dejó conducir a esferas más elevadas de comprensión, armonía y paz. Mientras tanto, su cuerpo permanecía silencioso y olvidado en el depósito de cadáveres. Olvidado por su alma, y también por los adversarios que lo habían matado.

Sintiéndose más vivo que en toda su vida en la tierra, el doctor Rodonaia absorbió esa brillante comprensión de la vida en todos sus aspectos. Conoció los misterios antiguos, los enigmas y secretos de todas las épocas. Se impregnó del conocimiento que había dentro de la luz, comprendiendo que el universo es algo vivo, benévolo, omnipotente.

Tras lo que le parecieron siglos dentro de la luz, el doctor Rodonaia advirtió que descendía. Volviendo su atención hacia ese descenso, vio la tierra y la gente que había conocido durante su vida mortal. Deseó saber qué les ocurría a sus amigos y familiares, y se dejó llevar hasta el hogar de su mejor amigo, Maurice. Suspendido en las alturas sobre una escena que se desplegaba como una representación teatral, el doctor se sentía dichoso y sereno. De pronto, sus sentimientos de paz y armonía dieron paso a pensamientos sombríos. Vio a su mejor amigo contemplar desamparado una cuna en la que un bebé lloraba de dolor. El doctor Rodonaia, que seguía en ese inusual estado de conciencia en que la respuesta a cualquier pregunta surgía con tan sólo desearlo, comprendió al instante lo que ocurría. Aunque su mejor amigo no sabía por qué su hijo llevaba todo el día llorando de forma despiadada, el doctor Rodonaia supo de inmediato que tenía rota la cadera. Una niñera descuidada lo había dejado caer y no había informado del accidente. Cuando los padres llegaron a casa, se encontraron con los gritos del niño, inconscientes de la tragedia.

El doctor Rodonaia sintió el deseo de decirle al bebé que dejara de llorar, porque nadie entendía lo que estaba tratando de expresar. En cuanto este deseo cruzó los pensamientos de su psique, el niño dejó de llorar de inmediato y levantó los ojos hacia él. De todos los que estaban en la sala, el bebé fue el único en sentir la presencia del médico. Los amigos del doctor Rodonaia estaban estupefactos. ¡El niño llevaba todo el día llorando! ¿Por qué habían cesado sus llantos?

Rodonaia sintió que tiraban de él hacia arriba, y que dejaba el hogar de su amigo para retornar a los campos celestiales de la Sabiduría y el Conocimiento. Pero la escena que acababa de presenciar lo había llenado de desconcierto. Deseaba poder hacer algo en ayuda del niño. Nada más concebir este pensamiento, sintió que era apartado de la luz para regresar a la oscuridad en la que se hallaba inmediatamente después de su asesinato.

El doctor experimentó una fuerte ansiedad al sentir cómo se alejaba de la luz. Pronto se encontró observando otra escena terrenal: el hospital al que habían llevado su cadáver.

¡La sala de autopsias! Los patólogos habían transportado su frío y rígido cuerpo desde el depósito de cadáveres hasta la mesa de autopsias. Cuando el equipo médico comenzó su trabajo póstumo, practicando cortes en la cavidad torácica y abdominal, el doctor Rodonaia empezó a perder su conciencia expandida y a deslizarse hacia abajo, en dirección a su cuerpo. De repente se sintió frío. Helado. Entonces sintió la pesadez de su cuerpo. El frío era insoportable. Trató de gritar, pero sus cuerdas vocales estaban congeladas. No podía mover ninguna parte del cuerpo con excepción de los párpados. Se puso a parpadear rápidamente, con la esperanza de que alguien percibiera que estaba consciente.

«¡Está vivo!», exclamó el patólogo. Se produjo un alboroto. Las bandejas y los instrumentos médicos cayeron de golpe al suelo mientras los auxiliares sanitarios, horrorizados, daban un salto hacia atrás.

«Súbanlo a cuidados intensivos», gritó uno de los médicos. «¡Inmediatamente!» El doctor Rodonaia había vuelto a respirar. Lo condujeron a la sala de urgencias y le inyectaron líquidos intravenosos. Le conectaron a un aparato de respiración asistida.

¡El doctor Rodonaia había regresado de entre los muertos al cabo de tres días en el depósito de cadáveres!

«Esto es imposible», murmuró el patólogo. «¡Imposible!»

Cuando recuperó todo el conocimiento casi una semana más tarde, el doctor Rodonaia vio a su mejor amigo junto a su cabecera, con la mirada perdida y conmocionado.

«Tu niño», dijo con voz ronca el doctor Rodonaia, hablando

por vez primera. «La cadera de tu niño... está rota... ¡necesita un médico inmediatamente!».

Su amigo lo miró con asombro. «Pero George... ¿cómo puedes saber tú lo que le pasa a mi hijo?».

Con toda la urgencia que era capaz de transmitir, el doctor Rodonaia suplicó a su amigo que llevara al niño al hospital. «La niñera dejó caer a tu hijo... está herido... malherido. ¡Vamos! ¡Date prisa!»

El dolor aumentó y Rodonaia cayó inconsciente. Su amigo pasó por la sala de enfermería, telefoneó a su esposa y le pidió que llevara al niño de inmediato al hospital para unas radiografías.

El niño llegó al hospital casi al borde de la muerte. Las radiografías mostraron una rotura del hueso de la cadera. Llamaron a un especialista. «El niño se recuperará», les dijo el médico a los angustiados padres.

El amigo del doctor Rodonaia se acercó llorando a la cabecera de George. Agarró la mano de su milagroso amigo. «Has salvado a mi hijo... has salvado a mi niñito...».

Rodonaia experimentó una prodigiosa y total recuperación, que no le dejó lesión cerebral alguna. Se soldaron la columna vertebral y los huesos rotos. Más adelante, desertó con éxito de la Unión Soviética antes de la caída del comunismo, y hoy en día es pastor metodista en Estados Unidos. Recuerda con minucioso detalle su excursión de tres días al mundo de los muertos. Como resultado de la misma, ha dedicado su vida y su obra al servicio de la humanidad.

El doctor Rodonaia, quien relató este episodio durante una entrevista realizada en 1993, así como en un corto documental titulado *Life After Life* (producido por Cascom International en 1992), no olvidó nunca su visita a los mundos celestiales de la Sabiduría y el Conocimiento. Según un antiguo texto, *El Libro de Enoc*, que en el pasado formó parte de la Biblia, la Sabiduría es una inteligencia divina —un ángel— cuya influencia se enseña en las escuelas místicas, mientras que la fuente real de sabiduría reside en las esferas invisibles: «La sabiduría ha salido para habitar entre los hijos de los hombres y no ha encontrado habitación. La sabiduría ha vuelto a su residencia y se ha fijado en medio de los ángeles» (*El Libro de Enoc* 42:2).

El doctor Rodonaia comprendió que toda la educación académica de su vida emanaba de esas esferas, y que durante su muerte de tres días había tenido la bienaventuranza de aprender desde la *fuente* misma de la sabiduría. Sentía que, en esos tres días, había aprendido más que en sus treinta y seis años en la tierra. Nunca se había cuestionado la realidad de los ángeles antes de esta experiencia, y sin embargo supo, en cuanto despertó, que ellos le habían guiado a través de las múltiples esferas del mundo invisible. Esta visión de la Sabiduría y el Conocimiento desde una perspectiva angélica difiere bastante del concepto tradicional de mensajeros divinos, pero los ángeles se definen como mensajeros que transmiten sabiduría, inspiración y orientación a los seres humanos. La experiencia post-mortem del doctor Rodonaia es un recordatorio convincente para los vivos de que todavía existen mundos por descubrir, mundos en los que pervive el alma.

En la actualidad, Rodonaia afirma que su muerte temporal fue «la mayor enseñanza sobre la vida que cabe esperar».

Un auxilio angélico

A lo largo del último siglo, se ha incrementado de forma espectacular el número de personas que han tenido experiencias milagrosas con ángeles. Cualquier estudioso del fenómeno concluirá rápidamente que existen fuerzas invisibles que guían y dirigen sin cesar la trayectoria de la humanidad. Esto resulta paradójico para la mente racional. Para muchos, si algo no puede verse, es que no existe. Aunque la gente se burla con frecuencia de la existencia de las fuerzas invisibles y de los fenómenos psíquicos, esta forma de pensar está dando paso a un sinnúmero de encuentros inexplicables que sugieren que algo divino está realmente ocurriendo en el mundo de hoy. La siguiente anécdota es un buen ejemplo de uno de tales encuentros angélicos:

«¡Ahora no, Dios mío!», exclamó Marie en voz alta. «Ahora no, por favor».

El Dodge 1972 de Marie Utterman dio señas de que su motor se ahogaba en la autopista interestatal 95, en las afueras de Richmond, Virginia. El automóvil seguía perdiendo velocidad cuando ella lo llevó al arcén. Se apagó en una muerte callada, sin humo ni vapores, ni sonidos estridentes del motor. Pero Marie sabía que estaba seriamente averiado. La transmisión llevaba meses sin funcionar bien.

Se dirigía hacia Washington, D.C., desde Norfolk, Virginia. Su hija iba a dar a luz dentro de escasas semanas, después de un embarazo difícil. Marie había experimentado una sensación de urgencia con respecto a su hija durante toda la mañana. Cuando pensaba en ella, la invadía un sentimiento de inquietud. Su preocupación se convirtió en una ansiedad que no la dejaba en paz.

Ve a su lado. Ve con Jenny. Date prisa.

Obedeció finalmente su intuición después de marcar el teléfono de Jenny y comprobar que saltaba el contestador. *Jenny tendría que haber contestado al teléfono*, pensó Marie. *A esta hora siempre está en casa.*

«Jenny, soy mamá», dijo Marie después de la señal. «Cariño, salgo para D.C. Ya sé que vas a decir que no tengo por qué hacerlo, pero voy. Espero que estés bien. Nos vemos pronto».

Me va a tomar por loca, pensó Marie. No solía inmiscuirse en los asuntos de su hija, pero este *sentimiento* le exigía ir a verla de inmediato. «Intuición de madre», murmuró mientras preparaba una maleta pequeña. «Dios mío, espero *estar* loca».

Marie descansó la cabeza sobre el volante, reviviendo los

acontecimientos de la mañana que la habían conducido hasta ese dilema desesperado junto a la carretera. Estaba a varias millas al este o al oeste de la salida más cercana. También estaba a dos horas de distancia de la casa donde vivía su hija en las afueras de Alexandria, Virginia.

«Dios, ayúdame por favor», dijo Marie. «Tengo que llegar hasta Jenny. *Por favor*».

Marie no entendía nada de automóviles, pero decidió levantar la cubierta del motor de todos modos. «Puede que sólo sea un cable que está suelto».

Los vehículos zumbaban junto a ella cuando se bajó del Dodge. Era casi la hora punta en la autopista interestatal 95; dudaba que nadie fuera a detenerse. Levantó la cubierta del motor y la mantuvo abierta. Ningún cable suelto. Sin duda el motor estaba averiado. Volvió a subir al Dodge tras cerrar la cubierta del motor. Con los ojos cerrados y toda la esperanza de la que pudo hacer acopio, giró la llave, visualizando que el automóvil funcionaba de nuevo. El motor de arranque giró pero no prendió el motor principal. Marie se sintió completamente desamparada. Los ojos se le llenaron de lágrimas mientras miraba la atiborrada autopista. «Por favor», susurró a los automóviles que pasaban a su lado a toda velocidad. «Por favor... ¡Tengo que llegar hasta Jenny!»

Mientras sus labios suplicaban, un microbús blanco se detuvo en el arcén delante de Marie. El conductor había prendido las luces de emergencia y estaba retrocediendo su vehículo para acercarse al automóvil de Marie.

Marie no daba crédito pero se sentía enormemente aliviada. «¡Gracias a Dios!», exclamó.

Se abrieron a la vez la puerta del conductor, la del pasajero y las laterales, y se apearon tres jóvenes con aspecto de estudiantes. Aparentaban unos veinticuatro o veinticinco años, la edad de Jenny. Marie se sintió cómoda de inmediato al ver a los tres jóvenes. Eran muy guapos, bien aseados y sonrientes. Pensó que debían dirigirse a la reunión de algún club, ya que los tres llevaban camisetas blancas, chaquetas deportivas blancas y pantalones sueltos, también de color blanco. *Tal vez sean internos de un hospital,* pensó Marie mientras bajaba la ventanilla.

El joven rubio sonrió a Marie de modo tranquilizador. «Señora, si es tan amable de bajar de su automóvil, trataremos de ponerlo en marcha de nuevo». Marie no vaciló.

«No sé cómo darles las gracias», dijo, saliendo del vehículo. «Tengo que reunirme con mi hija. Va a tener un niño, y...».

Marie contó su historia mientras los tres jóvenes sacaban la caja de herramientas y el gato hidráulico de la parte trasera del microbús. Éste estaba reluciente y sin estrenar. Los jóvenes sonreían a Marie y asentían con la cabeza mientras ella les explicaba su dilema. No dudaron en ponerse manos a la obra.

Viendo que se disponían a arreglar el automóvil, Marie balbuceó una objeción. «Jóvenes, están vestidos para alguna ocasión. Por favor, sólo llévenme hasta un teléfono, y yo le pediré a algún amigo o amiga de mi hija que venga a mi encuentro, o le diré a su esposo que me ayude. No tienen por qué...».

«No se preocupe, señora», dijo el joven rubio mientras se metía debajo del automóvil de Marie. «Usted estará de nuevo en la carretera en cuestión de minutos».

«Pásame esa herramienta, Mitch». Marie observó que Mitch se parecía a su yerno, el esposo de Jenny. El joven se disculpó y rodeó a Marie, buscando en la caja de herramientas.

«De acuerdo», dijo el rubio al otro joven, «ahora pásame las tenazas».

Durante los cinco minutos siguientes, el joven rubio fue pidiendo herramientas, como lo haría un cirujano durante una operación. Mitch se agachó a la derecha del automóvil para ayudar a su amigo. El tercer caballero trabajaba en el motor bajo la cubierta.

Dios mío, van a llenarse la ropa de grasa, pensó Marie. Su corazón se desbordaba aprecio y agradecimiento. Observó que su ansiedad se había desvanecido por completo. Se sentía muy contenta, en realidad, exultante. Qué extraño resultaba que pudiera sentirse tan tranquila en circunstancias tan difíciles. Los tres hombres tardaron apenas diez minutos en arreglar el automóvil de Marie. Mitch salió de debajo del vehículo y se instaló en el asiento del conductor. Giró la llave. El Dodge tosió, y a continuación arrancó, funcionando a la perfección. Marie no daba crédito. En cuanto arrancó el motor, Mitch salió del automóvil y se acercó a ella. «Parece que todo va a ir bien», dijo. «Ya puede usted volver a sus asuntos».

Marie se sentía abrumada de gratitud. «No puedo expresarles mi agradecimiento. Por favor, déjenme compensarles por la molestia». Buscó en su monedero y se disponía a entregarles el billete de cincuenta dólares que llevaba consigo para alguna emergencia.

Los tres jóvenes empezaron a guardar las herramientas y el gato hidráulico en el maletero del microbús, ignorando la mano que les tendía Marie. Mitch se detuvo tras guardar el gato y le sonrió. «No es necesario», dijo. «Para eso estamos». Los tres intercambiaron una mirada de complicidad, asintiendo con la cabeza. Marie pasó un momento de desconcierto —no porque no hubieran aceptado el dinero, sino por su aspecto—. Observó por vez primera que los jóvenes no tenían una sola mancha de polvo o de grasa, ni sobre la ropa ni en las manos. Su blanca vestimenta estaba igual de limpia que cuando se apearon del microbús.

Marie se sentía como en un sueño. «Cómo han podido... quiero decir... han estado arrastrándose por el suelo... deberían estar...».

«Tiene que irse, señora», dijo el joven de cabello moreno. «Su hija la necesita».

Este recuerdo sacó a Marie de su asombro. «¡Es verdad! Me voy, pues. Pero ¿cómo puedo darles las gracias?» Empezó a caminar hacia los tres hombres, sintiéndose tan atraída hacia ellos como si los conociera de algún otro lugar.

«Ya lo ha hecho usted», dijo el rubio con un saludo casual. «Cuídese».

Retrocediendo, Marie tuvo que agarrarse al guardafango delantero de su automóvil en busca de apoyo. Se sentía algo mareada. *¿Los enviaría alguien en mi ayuda?*, pensó. Por primera vez en su vida, creyó en los ángeles. No cabía otra explicación para lo que acababa de ocurrir: por lo que le había explicado su vecino mecánico, cuando la transmisión se avería, sólo se arregla reemplazándola.

Sobrecogida, Marie vio cómo el microbús subía la cuesta de la interestatal 95 hacia el este, para desvanecerse antes de alcanzar el horizonte. Aunque se encontraba algo inquieta, se apresuró a tomar la autopista en dirección a la casa de su hija en Alexandria. Sólo había perdido quince minutos de la duración de su viaje.

Cuando llegó a casa de Jenny, Marie aparcó el vehículo y corrió enseguida a tocar la puerta. Nadie contestó. Comprobó que la puerta no estaba cerrada con llave.

«¡Jenny! *¡Jenny!*», gritó Marie mientras entraba en la casa. «¡Soy mamá! ¿Dónde te has...?»

Marie se detuvo súbitamente, con los ojos en el suelo de la cocina. Jenny estaba ahí tumbada, con un charco de sangre alrededor del abdomen y las caderas. Sin perder un minuto, se agachó junto a su hija, comprobando su respiración y su pulso. Presentaba un color ceniciento, pero respiraba. Marie marcó rápidamente el número de emergencias. A pesar del pánico que la invadía, la visión de los tres hombres dominaba sus pensamientos. Dio con toda tranquilidad la dirección de su hija al operador de la línea de urgencias y le explicó la situación. Marie se sentía parcialmente distante, como si estuviera observando la escena. *Mi hija vivirá*, dijo su parte distante. *Vivirá*. En su nítido recuerdo, los tres jóvenes de la carretera le sonrieron.

Marie escuchó con atención las instrucciones que el operador le daba con respecto a Jenny. Colgó el teléfono, comprobó la hemorragia, que parecía peor de lo que en realidad era. Tomó una manta del sofá del salón y abrigó con ella a su hija, colocando una almohada bajo su cabeza. Una parte de Marie no podía creerse que estuviera tan tranquila y confiada.

El equipo de emergencia llegó a la casa, irrumpió por la puerta principal y se arrodilló junto a la hija inconsciente de Marie. La presión arterial de Jenny estaba peligrosamente baja. Le inyectaron líquidos intravenosos, mientras la llevaban hasta la ambulancia.

Uno de los auxiliares le dijo a Marie que Jenny sobreviviría. «Su presión está baja, pero controlada. Su pulso es firme. Gracias a Dios, usted llegó a tiempo hasta ella».

«Sí, gracias a Dios», asintió Marie. Como únicamente había sitio para Jenny y el equipo de emergencia, Marie siguió la ambulancia con su automóvil hasta el hospital, que estaba a tan sólo quince minutos. La imagen de los tres jóvenes la mantenía sosegada y segura.

«Tiene que irse, señora. Su hija la necesita». El eco de sus voces la consolaba.

El bebé de Jenny nació mediante una cesárea de emergencia. Jenny recibió transfusiones y se estabilizó. El nieto de Marie, Michael, nació tres semanas antes del término del embarazo. Los médicos estaban asombrados de lo pronto que se recuperaron la madre y el hijo. En menos de un mes, ambos estaban en casa.

Marie le contó a muy poca gente su insólita aventura en la autopista. Era una persona sensata y pragmática. Sin embargo, la experiencia le abrió las puertas de una nueva percepción de la vida. Después del parto de Jenny, Marie tuvo una serie de sueños en los que vio a los jóvenes ayudándola, envueltos por una blanca luz. Se hallaban en lo que parecía el gran palco blanco de un teatro. Marie estaba bajo ellos, en el escenario. Tras reflexionar durante unas semanas, llegó a la conclusión de que estos sueños trataban de transmitirle que nunca estaba realmente sola, que siempre había alguien velando por ella. Interpretó el escenario que le mostraban sus sueños como «el escenario de la vida donde se representan los dramas». Sabía que los ángeles que se encontraban en el palco la estaban observando y cuidando. Después de esta experiencia, Marie no sólo creyó en los ángeles de la guarda, sino que los consideró como un hecho más de la vida.

Ángeles confortadores

En ocasiones, recibimos un consuelo milagroso, no sólo de nuestros seres queridos, sino también de seres invisibles que nos tranquilizan en momentos de dolor. El relato siguiente demuestra la existencia de presencias divinas que nos acompañan en nuestras horas más difíciles:

Darrell Cook estaba sumido en la pena. Su madre había muerto de repente a los sesenta años. El joven sabía que la diabetes estaba afectando a la salud de su madre, pero la familia lo había tranquilizado diciéndole que la breve estancia de ésta en el hospital cumplía el único propósito de hacerle unas pruebas antes de someterla a un tratamiento sin importancia para bajarle el azúcar en sangre.

Se encontraba en el exterior de la casa donde había crecido en Indiana, admirando el jardín que su madre adoraba, reviviendo la llamada telefónica del día anterior:

«Darrell, soy Diane», había dicho su hermana. «Mamá ha fallecido a las dos y media de la tarde. Papá fue a verla al hospital y acababa de dejarnos...».

Durante su viaje de Florida hasta Indiana para asistir al funeral de su madre, no había sentido más que aturdimiento. El viaje era un recuerdo borroso. *No puede habernos dejado,* pensó. *Papá dijo que estaba bien...*

La muerte era para Darrell un misterioso extraño. Nunca había perdido a ningún ser querido. Miró el jardín de flores que su madre había cuidado durante más de treinta años, y se preguntó quién se ocuparía ahora del jardín.

Este fallecimiento resultaba tanto más difícil para Darrell cuanto que su madre y él no habían estado nunca muy unidos, si bien compartían su afición por la belleza de la naturaleza. Los jardines de ella solían ser un lugar de sosiego. Ahora, sin embargo, la visión del jardín y de los pájaros sólo era, para Darrell, una fuente de dolor. No se había despedido de su madre —ninguna palabra final, ningún adiós—. Había venido al jardín para despedirse de ella, pero notó que no era capaz de hacerlo en este lugar. Estaba demasiado... *vivo*.

Subió al Mustang 1969 convertible de la familia y se dirigió al pequeño cementerio donde estaba enterrada su madre. *Mamá, a lo mejor me puedo despedir de ti allí,* pensó durante el breve trayecto al cementerio. La puesta de sol era especialmente espectacular. Detuvo bruscamente el automóvil frente a la tumba de su madre. Lo que estaba viendo no podía ser real.

Un petirrojo, el pájaro favorito de su madre, había construido un nido en lo alto del centro de flores que había en la lápida, y estaba posado sobre el nido con aspecto vigilante. Para mayor asombro, Darrell observó que la hembra de petirrojo estaba incubando cuatro huevos. Se quedó atónito. *¿Por qué había construido aquí su nido, y no en los solitarios árboles cercanos a la tumba?*

«Mamá...», dijo Darrell en voz alta. «Ay, Mamá...». Permaneció un largo rato sentado y meditó sobre tan extraño suceso. Supo que ya podía volver al jardín que su madre adoraba y decirle adiós; la experiencia no iba a ser dolorosa. La pena de Darrell se había evaporado, como si se tratara de algo físico. Inexplicablemente, se sentía ahora lleno de paz.

Conduciendo de nuevo hacia su casa, Darrell se encontró hablando en voz alta con su madre, diciendo todas las cosas que le hubiera querido expresar cuando ella estaba viva. Se sintió rebosante de alivio. Aparcó el automóvil a la entrada y se acercó al jardín del patio trasero. Podía sentir físicamente la presencia de su madre. No la veía, pero la sentía muy cerca.

Junto a un arco formado por rosas trepadoras, Darrell observó un grupo de plantas que nunca había visto antes. Eran flores parecidas a la peonía, pero con un corazón similar al de las rosas. El color de estas flores era más vivo que el del resto; tenían un tono burdeos, con pétalos granate y un pistilo amarillo en el centro.

¿De qué tipo de plantas se trataba? Mamá nunca había tenido flores así. Estaban plenamente abiertas, como el dondiego de día, pero la configuración de los pétalos recordaba las peonías.

Darrell llevó a su padre al jardín para enseñarle tan insólito fenómeno. «No», dijo su padre, «ella no habría plantado nunca nada en esa parte del jardín, junto a las rosas». Él también estaba atónito. «Llevo treinta y cinco años observando este jardín y nunca había visto cosa igual». Las extrañas flores incluso se comportaban como dondiegos de día: durante los tres días siguientes, se abrieron por la mañana y se cerraron por la noche. Después murieron, dejando tras ellas un follaje verde brillante. Darrell y su padre interpretaron el aspecto de las flores como una señal. Un mensaje especial del más allá.

—¿Crees en los ángeles, papá? —preguntó Darrell.

—Ahora sí que creo —respondió.

Es difícil determinar si la experiencia de Darrell procedía de su madre o de un ángel. En cualquier caso alguien envió, a él y a su familia, un consuelo milagroso que transformó su concepto de la muerte y de cómo se muere. Darrell sabía, después de esta experiencia, que su madre *seguía viviendo.*

Un ángel visita a un moribundo

Doreen llevaba semanas angustiada. El cáncer de su marido no remitía. La quimioterapia ni siquiera había aminorado su progreso. David se estaba apagando lentamente ante sus ojos. Le costaba trabajo caminar. El cáncer se había extendido desde el hígado hasta la columna vertebral, y ahora estaba afectando a los miembros.

Tenía mucha fiebre la noche en que Doreen lo llevó al hospital.

Permaneció junto a su esposo hasta que lo vio conciliar un sueño inducido por fármacos. Últimamente, padecía dolores cada vez más terribles, y estaba empezando a depender de forma creciente del alivio de la morfina.

Cuando Doreen acudió al día siguiente al hospital para visitar a David, éste no se encontraba en su habitación. Preguntó a los enfermeros, quienes le contestaron que sí que estaba en el cuarto la última vez que fueron a comprobar cómo seguía.

«No me entienden», dijo Doreen, «tiene problemas para *caminar*. Alguien tuvo que ayudarlo a salir de la cama».

Un par de enfermeros fueron con Doreen a buscar a David. No estaba en la sala de visitas, ni tampoco en el cuarto de baño. Finalmente, Doreen caminó hasta el final del pasillo y abrió la puerta de la capilla. Allí encontró a David sentado con un adolescente de cabello rubio.

—David, te he estado buscando por todas partes —dijo Doreen consternada—. ¿Qué estás...?

—Estoy bien —respondió David, sin mirar a su esposa—. No tardaré en salir de aquí.

Doreen se preguntó con quién hablaba David. De pronto, el chico se volvió y la miró. Al instante, ella se sintió inundada de paz y tranquilidad.

«El chico tenía unos ojos de ensueño», afirmó Doreen más adelante. «Nunca he visto a nadie con esos ojos. Cuando él volvió hacia mí su mirada, me invadió una maravillosa serenidad. Supe que David estaba bien y necesitaba más tiempo con el joven. Supe que yo tenía que dejarlos de inmediato».

Doreen dejó a David en la capilla y esperó. Al cabo de treinta minutos, David salió caminando con facilidad. Doreen trató de ocultar su sorpresa. Sin embargo, cuando lo miró, comprendió que él acababa de vivir una experiencia extraordinaria. Una luz parecía emanar de él y lo rodeaba como un aura.

—¿Quién era, David? —le preguntó.

—No me vas a creer —contestó él.

—Inténtalo.

—Era mi ángel de la guarda.

Doreen, que nunca había hablado de esos temas con su marido, lo creyó al instante. David, quien la víspera estaba enfermizo y demacrado, parecía radiante, sin dolor y en paz. Ella se apresuró por el pasillo hacia la capilla para echarle otro vistazo al joven que había visto con él.

—No está ahí, —exclamó David, casi riendo—. Pero si vas a sentirte mejor comprobándolo, adelante.

Doreen se encontró con la capilla vacía y miró atónita a su esposo.

—¿Qué te dijo, David? —preguntó en voz baja.

David procedió a contarle a su esposa que su ángel de la guarda le había preguntado si había cometido algún acto por el que deseaba perdón. Él había enumerado algunos conflictos e incidentes que seguían sin resolver, a lo que el ángel contestó que tales episodios ya habían sido perdonados. El ángel tranquilizó entonces a David y le aseguró que todo estaba bien.

El aspecto más dramático de esta historia está en sus secuelas. Tras su encuentro con el ángel, David se convirtió en una fuente de consuelo para muchas personas del hospital. En lugar de pasar mucho tiempo en su habitación, recorría el hospital visitando a pacientes y hablando con ellos. Según Doreen, su marido no mostró miedo a la muerte en sus últimos días. Sin embargo, antes de la visita del ángel, le aterrorizaba pensar que iba a morir.

Doreen creyó erróneamente que el encuentro de David con el ángel significaba que iba a sobrevivir al cáncer. No fue así. A las dos semanas de su encuentro angélico, David dejó este mundo sin dolor.

«Transmitía una gran paz al final», afirmó Doreen. «Incluso le emocionaba la perspectiva de una nueva vida fuera de un cuerpo devorado por el cáncer. Aunque no sobrevivió físicamente, sé que experimentó una curación espiritual. Sé que el ángel vino para consolarlo en sus últimos días».

Las secuelas del fallecimiento de David fueron fáciles de llevar para Doreen. Esperaba un largo período de sufrimiento y soledad, pero esto no se produjo. Se sentía en presencia de su marido y de su ángel de la guarda. «Yo estaba en paz», contó Doreen. «Sabía que a David le había llegado la hora de regresar al hogar. Y sé que fue un ángel el que ayudó a David y me ayudó después a mí a superar la pena».

Apoyo angélico en nuestro entorno

Los relatos anteriores confirman que los ángeles son enviados por Dios para ayudarnos y consolarnos en momentos de crisis personal. En cada historia, encontramos una necesidad crítica y una intervención a favor del necesitado que rebasa las explicaciones del mundo físico. El caso del doctor Rodonaia resulta tanto más fascinante por su retorno milagroso de la muerte al cabo de tres días. El mensaje que debemos extraer es que, aunque estemos en un mundo físico, aparentemente limitado, tenemos a la vez una conexión con las esferas espirituales a través de la cual pueden ocurrir milagros. Ello confirma lo que Jesús dijo a sus discípulos antes de su crucifixión: «¿Crees que no puedo acudir a mi Padre, y al instante pondría a mi disposición más de doce batallones de ángeles?» (Mateo 26:53). Se ha dicho que Jesús vino para mostrar a la humanidad lo que es posible cuando sintonizamos con las esferas espirituales. Si Jesús prometió que haríamos todo lo que Él podía hacer, resulta lógico que todos tengamos el poder de convocar a los ángeles en momentos de necesidad. El creciente número de casos documentados de intervención angélica que se están produciendo en todo el mundo sugiere que nuestras posibilidades espirituales superan en alto grado nuestro conocimiento de ellas.

En los últimos años, numerosos libros, artículos, películas y programas de televisión han explorado fenómenos paranormales relacionados con guardianes o guías, visibles o invisibles, que conducen a personas comunes y corrientes a la seguridad física, la paz emocional o la transformación interior. Aunque los cuatro relatos anteriores son diversos entre sí y no parecen guardar relación alguna, existe un hilo conductor común que articula las historias: cuando nos sentimos superados por un dolor inmenso, cuando parece que el desastre o la muerte son inminentes, puede surgir una intervención que evita el desastre o la muerte de modo inexplicable y trae curación y paz, además del conocimiento de que los ángeles velan por nosotros.

Tales experiencias no se corresponden con lo que tradicionalmente se ha llamado encuentros angélicos: ningún ser alado desciende de los cielos para salvar a alguien de sus desventuras. Ahora bien, si aceptamos la idea de que las experiencias angélicas se atribuyen a una fuente divina, podemos concluir que tal fuente encuentra formas infinitas para manifestarse en el mundo material. Desde tiempos remotos, los ángeles y arcángeles se han aparecido a personas que se hallaban en situaciones extremas o sumidas en la desesperación, y necesitaban consuelo o una restauración de su fe. Los encuentros con ángeles han inspirado visiones, sueños proféticos y curaciones milagrosas, y se acompañan a menudo de una manifestación física tal como la que experimentó Marie cuando su hija estaba en peligro, o David cuando habló con su ángel de la guarda.

Los textos sagrados de la mayoría de las religiones nos enseñan que las generaciones que nos precedieron, no sólo recibían la intervención de fuerzas benéficas tales como ángeles y arcángeles, sino que de hecho *se apoyaban* en esas fuerzas para dirigir sus actividades cotidianas. A lo largo de las Escrituras, los ángeles se aparecieron a hombres y mujeres en sus sueños y en la vigilia. Inspirándose en ellos, los profetas hablaron de acontecimientos venideros que éstos habían proclamado, y sus contemporáneos tuvieron en cuenta tales acontecimientos. Los elegidos recibían continuamente el recordatorio de la existencia de un orden divino. Esta creencia no prevalecía únicamente en pequeños grupos independientes, sino también entre las masas.

Nuestra época actual viene a confirmar que lo Divino nos sigue prestando la misma atención que en los antiguos tiempos de la Biblia. Así como Jesús levantó a Lázaro de entre los muertos hace 2.000 años, el doctor George Rodonaia volvió a la vida después de una muerte de tres días en los años setenta. Una madre, seriamente preocupada por el bienestar de su hija, recibió la ayuda de un misterioso grupo de hombres que se desvanecieron después de arreglarle el automóvil. Un enfermo terminal, tras encontrarse con un ángel en una capilla, recibió consuelo y entereza para afrontar la muerte. Un afligido joven que acababa de perder a su madre recibió, ante su tumba y en su jardín, el consuelo espiritual de que no había muerto realmente. Estas prodigiosas intervenciones angélicas no son sino unos cuantos ejemplos de los miles de casos que se están registrando en estos momentos a lo largo y ancho del planeta.

El 27 de diciembre de 1993, la revista *Time* informó de que el sesenta y nueve por ciento de la población estadounidense creía en los ángeles. En el reportaje, la periodista Nancy Gibbs escribió: «¿Puede haber una idea más seductora que la noción de unos espíritus luminosos, al margen del tiempo y del espacio y sin debilidades humanas, que se interponen entre nosotros y cualquier tipo de daño? Creer en los ángeles es hacer que el universo resulte a la vez misterioso y benéfico. Incluso quienes rehúsan creer en ellos tal vez anhelen que alguien les demuestre que están equivocados»[1].

Muchos creen que la intervención de fuerzas invisibles y benéficas no constituye ningún fenómeno incomprensible, sino que es —como indica la palabra «ángel»— un «mensaje divino» o una llamada de Dios a la humanidad. ¿Una llamada a qué? Desde una perspectiva histórica, los seres y fuerzas angélicos invitan a los seres humanos a reconocer, asumir y recordar que existen inminentes asuntos espirituales que revisten crucial importancia.

Tendemos a creer que experiencias tales como las narradas en este capítulo son escasas y excepcionales. Sin embargo, los miles de encuentros angélicos referidos por personas comunes y corrientes apuntan que la humanidad en su conjunto está siendo llamada hacia una misión especial; un papel especial en este peculiar renacimiento espiritual. Las manifestaciones angélicas en la vida de las personas suelen ser tan diversas como las propias personas. Se producen curaciones espontáneas, la fe es restaurada, hay individuos que regresan de la muerte clínica a los tres días sin lesión cerebral alguna. Se evitan accidentes de carretera inminentes y potencialmente fatales.

Las numerosas experiencias angélicas que se conocen transmiten una línea temática común: *no estamos solos, ni lo hemos estado nunca.* La ayuda está al alcance de nuestra mano. Es interesante apuntar que los protagonistas de las historias relatadas en este capítulo no se consideraban a sí mismos religiosos devotos. No creían necesariamente en los ángeles. Rodonaia era un filósofo ruso que había dedicado muy pocos pensamientos a un «Dios». Al haber sido formado y educado en la Unión Soviética, sólo creía en la mente. Marie no había ido a la iglesia desde que era adolescente. A Doreen y a su esposo les preocupaban las complicaciones médicas de la enfermedad de David y no tenían tiempo para la comunión espiritual. Darrell tenía una visión antagónica de la iglesia debido a las enseñanzas fundamentalistas que había recibido de niño, las cuales no le habían sido nunca explicadas. No había visitado una iglesia desde que era adolescente.

Ahora bien, lo que sí tenían esas personas era una crisis. En el caso del doctor Rodonaia, la crisis era física: el KGB trató de asesinarlo. En el caso de Marie, la crisis era emocional *y* física:

su hija estaba en grave peligro. En el caso de Darrell, la crisis era espiritual: se cuestionaba los enigmas y angustias fundamentales de la vida y la muerte, y había perdido de repente a su madre sin despedida. En tales casos, un consuelo concreto se había presentado para decir: *no estás solo*. En cada uno de ellos, así como en los miles de noticias que nos llegan sobre experiencias angélicas y milagrosas, la vida y las actitudes de los implicados quedaron transformadas.

Ayuda para el mundo

Un nuevo despertar está llegando a la humanidad a través de personas que han tenido encuentros milagrosos o angélicos. Si bien tales sucesos paranormales con seres divinos pueden parecer algo nuevo, no hacen sino recordarnos o volver a descubrirnos la idea de que siempre hemos tenido acceso a una forma espiritual de ayuda e intervención. Desde el comienzo de nuestra creación, los seres angélicos se han manifestado para inducirnos a recordar la premisa primordial: *nunca estás solo, Dios siempre vela por ti*. Pero depende de nosotros aceptar esta idea e iniciar una vida de orientación divina.

Puede costar trabajo creer que los ángeles representan realmente una gran esperanza para nosotros en medio de un mundo en crisis. De hecho, la apariencia del mundo puede resultar engañosa: vemos la devastación de los países en guerra; las plagas y hambrunas son endémicas en todo el planeta; los terremotos y las inundaciones se suceden a un ritmo sin precedentes; la inestabilidad económica es la norma de nuestros días; la criminalidad en el mundo nunca había sido tan alta. Tales condiciones no son nuevas, ya que se daban incluso en tiempos de Cristo. Jesús llegó en *medio* de una de tales crisis. Proclamó una esperanza que iba más allá de lo que el mundo había conocido hasta entonces: «Pues el padre ama al hijo y le muestra todo lo que hace. Sí, y aun cosas más grandes que éstas le mostrará, que los dejará a ustedes asombrados» (Juan 5:20). Cristo enseñó la importancia de la vida espiritual interior; enseñó que el reino de los cielos se encuentra *en el interior* del alma y del espíritu. Sus enseñanzas también reflejan que vela por nosotros un Dios que nos ama y conoce nuestras luchas tan bien como nuestras esperanzas. Ahora bien, Jesús también enseñó que el mundo de las apariencias se desbarataba, y que seguiría desbaratándose mientras la humanidad ignorara la esencia espiritual que se esconde tras el mundo material.

Que el mundo sea presa de convulsiones sin comparación es en sí una llamada divina que parece decir: *recuerda de dónde procedes: eres en primer lugar un ser espiritual.* Si el mundo material no estuviera experimentando enormes cambios y convulsiones, ¿tendría la humanidad algún motivo para buscar un mundo espiritual? ¿No formaríamos un mundo autosatisfecho y contento? Si son ciertos los miles de encuentros con ángeles, resulta lógico que las Fuerzas Creadoras, o Dios, nos estén persiguiendo de forma activa, para «despertarnos» y recordarnos nuestra herencia divina. Los encuentros angélicos nos están diciendo, de muchas maneras, que nos estamos acercando con rapidez a una nueva conciencia espiritual, una espiritualidad consciente y lúcida, sin precedentes en la historial oficial. Lo que profetas y sabios han venido diciendo a través de los siglos encierra esta filosofía: llegará el día en que la humanidad tenga una relación consciente con el Creador, con Dios. Las claves para un maravilloso ascenso a una conciencia espiritual superior están en nosotros. Es realmente asombroso que los ángeles estén llamando a nuestra *puerta*.

Más asombrosas aún son las posibilidades que aguardan a nuestro planeta cuando empecemos a escuchar esta llamada. Pero ¿cómo empezaremos a escucharla? Veamos el caso de alguien más que, además de *oír* a los ángeles, también los *veía*.

2

Elegido por un ángel

Estas señales acompañarán a los que crean: en mi nombre [...]; hablarán en nuevas lenguas [...]; pondrán las manos sobre los enfermos, y éstos recobrarán la salud. ~Marcos 16:17-18

El profeta durmiente

No existe mayor fuente de información sobre los ángeles que la que procede de un impresionante conjunto de conocimientos que vio la luz de un modo muy excepcional.

Durante la primera mitad de este siglo, un hombre extraordinario, Edgar Cayce, utilizó su extraordinario talento psíquico para ayudar a quienes acudían a él en busca de consejo. Se le llegó a conocer como «el profeta durmiente» y «un hombre capaz de ver a través del tiempo y del espacio». Cuando alguien solicitaba su ayuda, Edgar Cayce se acostaba, meditaba y oraba, entrando en un estado de sueño parecido al trance. Mientras estaba inconsciente, las personas que habían acudido a él recibían una información sumamente exacta de una fuente que estaba más allá de la conciencia de Cayce en estado de sueño. Recibían una información de la que Cayce no tenía conocimiento estando despierto.

La historia de las facultades psíquicas de este asombroso hombre y sus propias experiencias extraordinarias con ángeles constituyen un paso importante para comprender el sentido que las experiencias angélicas revisten para nuestra vida y para la evolución de la humanidad en su conjunto.

Un extraño en la tierra

Si el joven e inculto Cayce hubiera tenido suficiente vocabulario para describirse a sí mismo, habría afirmado: «soy un extraño en la tierra». Incluso cuando quería adaptarse a sus amigos y familiares, sentía a menudo una distancia insuperable. En 1888, durante su infancia, Edgar ya era capaz de (en sus propias palabras) «ver cosas» ocultas a los demás. En ocasiones sentía que estaba viendo realmente lo que la gente pensaba. Cayce, que estaba llamado a convertirse en el vidente de quien más documentos se tiene de cuantos han existido, no leía necesariamente la mente de las personas. Leía una configuración de energía vital que vibra en torno a nuestro cuerpo físico en distintos tonos y colores. En Oriente, los místicos definieron esos colores como esencia vital o aura. Edgar había observado tales auras durante toda su vida, y sabía que cuando veía una configuración de color rojo en torno a una persona, ésta estaba de mal humor. Si veía matices grises o negros alrededor de alguien, veía que esa persona sentía rencor y resentimiento. Si Edgar miraba esos colores durante un tiempo suficiente, lograba ver los pensamientos reales de las personas. Para él, esto era como leer libros.

De niño, Edgar pensaba que todo el mundo veía esas configuraciones de color que distinguen los pensamientos y sentimientos de otras personas. Sus compañeros de clase se reían de él cuando hablaba de los colores vivos u oscuros que rodeaban a sus amigos.

«¡Estás loco, Viejo!», solían decirle riendo. «Viejo» era el sobrenombre que le había puesto su abuelo. Tal vez le había puesto ese apodo porque, para quienes podían apreciarlo, Edgar parecía un «viejo» sabio.

Finalmente, le contó a su madre las extrañas cosas que veía. Su madre siempre supo que su hijo era especial.

«Es un don que tienes, hijo mío», le dijo. «No debe importarte lo que la gente diga de ello. Simplemente, trata de no ver demasiado; te sentaría mal».

Edgar sabía que su madre tenía razón. A veces los adultos pensaban cosas que no tenían mucho sentido, y tampoco podía comprender muchas conversaciones de los adultos. Él veía configuraciones de color, sombras y pensamientos de adultos, y estaba bastante confundido. Así que trató de ver y comprender únicamente el lado bueno de los pensamientos de la gente. Su madre lo animó a leer la Biblia para encontrar en ella el porqué de sus habilidades.

«Dios tiene un proyecto especial para ti, Edgar», le dijo su madre. «Limítate a orar por ese proyecto».

Edgar siempre se sentía mejor después de hablar con su madre. Ella no se reía de él ni lo llamaba loco cuando le contaba sus visiones. Muchos decían que Edgar tenía compañeros de juego imaginarios. Pero la madre de Edgar también podía ver a los «elementales». Los llamaba sus «compañeros de juego de la naturaleza». Los días en que Edgar se sentía bajo de ánimos o reservado, su madre solía mirar por la ventana para ver a los espíritus de la naturaleza que le estaban aguardando. «Ahí están tus compañeros de juego», decía. Edgar salía corriendo a encontrarse con ellos. Lo curioso es que parecían niños o niñas pequeños. Se preguntaba por qué nadie más que él y su madre los veía. Años más tarde, Edgar leería libros y artículos sobre hadas y gnomos, los guardianes de los reinos vegetal y animal. Escucharía en un estado de serena diversión, mientras sus amigos debatían apasionadamente si tales seres elementales eran o no reales. Edgar no participó en el debate. Los elementales habían sido amigos suyos durante toda su infancia.

De niño, Edgar aprendió a guardar para sí sus comentarios acerca de sus amigos secretos —salvo para compartirlos con su madre—. Ella le contaba acerca de su abuelo, Thomas Jefferson Cayce, quien también había tenido visiones y experiencias psíquicas.

«Él poseía la segunda visión», le dijo su madre. «Era el mejor zahorí del condado de Christian. En cualquier lugar que apuntaba su horquilla de hamamelis, encontraban agua». Edgar quería mucho a su abuelo y se mostró desconsolado cuando éste murió en un extraño accidente en un lugar rural del estado de Kentucky. Le preguntó llorando a su madre por qué había muerto su abuelito. La madre de Edgar explicó que había llegado la hora de que el abuelo Cayce regresara al cielo para estar con los ángeles. Edgar no entendía el propósito de que su abuelito estuviera allá arriba con los ángeles cuando se le necesitaba aquí abajo en la tierra. Compartió su dolor con la sirvienta de la familia, Patsy, quien lo consoló diciéndole que volvería a ver a su abuelito. «Tú tienes la *segunda visión,* Edgar». No sería la última vez que el joven Edgar Cayce oiría estas palabras. En ese momento, sin embargo, no parecía interesarle mucho *qué* tipo de visión tenía: simplemente echaba de menos a su abuelo.

Cayce apenas pensó en lo que la gente llamaba su «segunda visión» hasta que, hallándose un día en el granero, se le apareció el abuelo Cayce. Esta visión no asustó a Edgar, ya que su abuelo tenía el mismo aspecto que aquellos espíritus de la naturaleza que se le habían aparecido: casi como si uno pudiera ver a través suyo. El abuelo no parecía haber cambiado, e incluso sonrió a Edgar. Cuando dejó el granero, Edgar se lo contó enseguida a su abuela. Ella escuchó con atención, asintiendo con la cabeza. «Te pareces mucho a tu abuelito», dijo la abuela Cayce.

Se detuvo y miró gravemente al joven Edgar: «No debe asustarte ese poder que tienes. Limítate a no hacer mal uso de él». Advirtió a Edgar que siempre debía mantenerse en el camino recto y que Dios le enseñaría la mejor forma de utilizar sus dones psíquicos.

Edgar vio al difunto abuelo Cayce en varias ocasiones, e incluso mantuvo conversaciones con él. Comprendió que la gente tiene ideas extrañas acerca de lo que llamamos muerte, y que ésta sólo significa dejar atrás el cuerpo. Su abuelo, después de muerto, tenía incluso mejor aspecto que el día en que murió: parecía más joven.

Un encuentro angélico

Cuando Edgar Cayce contaba diez años, su familia empezó a llevarlo a la iglesia Liberty Christian de la ciudad de Hopkinsville en Kentucky, para los servicios del domingo. Edgar se sintió de inmediato como en casa. Le encantaban los sermones del pastor, especialmente las historias de Jesús, y quería saber más de la Biblia. El padre de Edgar, Leslie, estaba tan impresionado con el interés de su hijo por la religión que fue a la ciudad para comprarle una Biblia. En junio de 1887, seis meses después de que le regalaran su Biblia, Edgar ya la había leído de principio a fin. No entendió todo lo que figuraba en el Libro, pero se juró a sí mismo que algún día se convertiría en un experto de las Sagradas Escrituras.

Edgar quería leer la Biblia entera una vez al año durante toda su vida. Las historias cobraban vida para él, desde la caída de Babilonia hasta la Resurrección y el Apocalipsis; las leyó una y otra vez. Le gustaba sobre todo el Nuevo Testamento. Le encantaban las historias de Jesús y sus milagros.

Un luminoso día de verano cuando contaba trece años, Edgar se llevó su Biblia a un lugar recluido del bosque que era su refugio favorito. Mientras se disponía a leer otra vez el Génesis después de terminar el Nuevo Testamento, Edgar observó que la luz del sol se había oscurecido notablemente en el bosque, como si alguien se hubiera interpuesto entre el sol y él. Sobresaltado, vio de que de hecho había una figura parada delante de él. Primero pensó que se trataba de su madre. Sin embargo, cuando sus ojos se adaptaron a la nueva luz, vio que la figura era la más bella de cuantas había visto hasta entonces. Tras los hombros de la mujer había unas formas redondeadas, que llegaban casi hasta el suelo.

Son alas, pensó Edgar. *Son las alas de un ángel.*

Mientras este pensamiento cruzaba su mente, la mujer que estaba ante él sonrió. «Tus oraciones han sido escuchadas», dijo. «Dime cuál es tu mayor deseo, para que yo pueda ofrecértelo».

Edgar estaba paralizado de miedo y sorpresa. *Hay un ángel delante de mí.* No podía moverse. Ni hablar. Ni hacer nada. Al cabo de lo que le pareció una eternidad, Edgar oyó su propia voz como si estuviera hablando desde muy lejos.

«Me gustaría ayudar a la gente, sobre todo a los niños cuando están enfermos».

Jesús había dedicado su vida a ayudar a las personas, a sanarlas, y Él adoraba los niños. Edgar también quería ser útil. Quería ser un seguidor suyo, igual que un pastor de la iglesia. Edgar se preguntó si la dama había venido porque él deseaba con tantas ganas comprender la Biblia.

No es sólo una dama, pensó Edgar. *¿Será mi ángel de la guarda?*

Tan deprisa como había aparecido, la dama se desvaneció ante sus ojos.

Edgar corrió a su casa para contarle a su madre lo ocurrido. Le preocupaba estar perdiendo la mente; tal vez estaba leyendo demasiado la Biblia.

«Dijiste que querías ayudar a las personas», dijo su madre. «Eso no es estar loco. Para eso estamos aquí. ¿Y por qué no? ¿Por qué no se te iba a aparecer un ángel? Eres un buen chico».

Edgar se sintió agradecido y algo intimidado. No estaba acostumbrado a los elogios. La madre de Edgar estaba conjeturando que él podría ser destinado a algún fin superior. Tal vez llegaría a ser médico o pastor de iglesia.

«Llegarás a ser alguien. De eso estoy segura, Edgar».

Al día siguiente se sintió cansado, desganado, aburrido. En la escuela, no consiguió concentrarse. Su mente y sus pensamientos vagaban. El maestro se exasperó cuando Edgar no supo deletrear la palabra «cabaña». Era una palabra fácil para un niño de trece años. El maestro castigó a Edgar a quedarse después de clase y escribir la palabra «cabaña» 500 veces en la pizarra. Después de la tediosa tarea, Edgar se fue a casa sintiéndose más cansado que nunca.

Leslie Cayce estaba esperando que su hijo regresara de la escuela. El maestro había hablado con él, contándole lo mal que se había portado Edgar ese día en la escuela. Leslie regañó al chico en cuanto llegó a casa.

«Siéntate en esa silla», ordenó. «Vamos a repasar esas clases de ortografía hasta que te las aprendas. ¡Esto es un escándalo!» Durante las tres horas siguientes, Edgar trató y volvió a tratar de deletrear las palabras que su padre le decía; no pareció servir de mucho. Tenía la mente nublada. Era incapaz de recordar las lecciones más básicas de la escuela. Ello enfureció a Leslie, quien regañó a su hijo, gritándole, incluso tirándolo de la silla con un golpe.

«Vas a escribir correctamente estas palabras aunque tengas que quedarte aquí toda la noche», rugió Leslie. Edgar se sentía triste y decaído; no se comprendía a sí mismo. Mientras su padre se disponía a tomar de nuevo el manual de ortografía, Edgar oyó una voz; era una voz muy clara:

«Edgar, duérmete sobre el libro y te ayudaremos». Era la voz de la dama, del ángel que había visto el día anterior.

Edgar suplicó a su padre que le dejara descansar unos minutos para repasar el manual de ortografía. Le prometió ser más aplicado.

«Por favor. Dame sólo unos minutos».

Leslie accedió de mala gana a la petición de su hijo, le entregó el manual y salió de la sala. Edgar colocó el libro sobre la mesa y apoyó la cabeza sobre él. Quedó dormido al instante.

Al cabo de lo que a él le pareció un momento, sintió que su padre lo sacudía. «Volvamos a empezar», dijo Leslie. Edgar se frotó los ojos para despertarse y se sentó.

«Cabaña»:

«C-A-B-A-Ñ-A». Para su asombro, Edgar podía realmente *ver* la palabra, perfectamente dibujada en su mente. También podía ver las palabras que contenían las demás páginas. Como en una fotografía.

Leslie Cayce observó, cada vez más desconcertado, que su hijo deletreaba con exactitud cada palabra que él le dictaba. Recurrió en última instancia a las palabras más difíciles del manual.

«Síntesis»:

«S-I-N-T-E-S-I-S».

El desconcierto de Leslie dio paso al enfado. «¿A qué se debe esto? Llevamos toda la noche repasando este manual y tú no sabías deletrear una sola palabra. ¡Ahora resulta que las deletreas *todas!* ¿Por qué?».

«No sé», dijo Edgar. «Me quedé dormido encima del manual y ahora puedo ver perfectamente todas las palabras. Como en una foto». No sólo era Edgar capaz de deletrear todas las palabras del libro, sino que sabía en qué páginas aparecían.

«Vete a la cama», gruñó su padre, meneando la cabeza. «No entiendo en absoluto lo que está ocurriendo». Edgar obedeció a su padre y agradeció calladamente a la dama del bosque la ayuda que le había prestado. *Tiene que ser un ángel,* pensó.

A partir de ese día, Edgar dejó de ser un estudiante mediocre para convertirse en uno excepcional. Su extraña habilidad, que le permitía aprender de los libros mientras dormía con la cabeza apoyada en ellos, dio sus frutos en todas las materias del colegio: aritmética, historia, incluso geografía. Edgar retuvo en su mente una reproducción del mapa del mundo que figuraba en el libro. Identificaba todos los continentes y países, y designaba con exactitud las longitudes y latitudes, aunque no supiera qué eran exactamente.

Leslie Cayce pasó fácilmente de ser un padre desquiciado a uno muy orgulloso de su hijo. Contaba por todo el condado de Christian que a su hijo le bastaba dormirse sobre los libros para aprenderse las lecciones. Cuando se burlaban de él sin piedad sus compañeros de clase, Edgar anhelaba que su padre aprendiera algún día a guardar el secreto.

La madre de Edgar se limitaba a sonreír y asentir con la cabeza cuando él le narraba anécdotas relacionadas con sus peculiares aptitudes. No dejaba de recordarle que había sido elegido para un propósito especial.

Un místico de nuestros días

El caso de Edgar Cayce recuerda esas historias de la Biblia en las que Dios elige a alguna persona especial para convertirla en profeta o mensajero. Tan sólo la madre de Edgar presintió las extraordinarias habilidades que su hijo manifestaría años después, a raíz de su encuentro con un ángel mientras leía la Biblia. Cuando aún era bastante joven, Edgar vivió una experiencia insólita que creó el marco para lo que se convertiría en la relevante labor de toda una vida.

En 1901, teniendo veinticuatro años, Edgar Cayce perdió la voz. La dolencia se manifestó primero como un catarro, que degeneró en una laringitis de la que no se recuperó. Durante más de un año, sólo pudo emitir roncos susurros. Se llamó a especialistas médicos de todo el Estado de Kentucky para que observaran la enfermedad de Edgar. Tras examinar sus cuerdas vocales, todos los médicos se declararon desconcertados: no había ningún obstáculo ni obstrucción en las cuerdas vocales. Como último recurso, se decidió buscar a un hipnotizador para el desesperado Cayce. Ya que no presentaba ningún problema físico, era posible que algo le estuviera trastornando mentalmente.

Esta idea dejó a Edgar muy preocupado. Él no se *sentía* particularmente trastornado por ningún motivo. Llegó a la conclusión de que la hipnosis no podía hacerle daño, aunque esta técnica seguía levantando enormes polémicas a principios del siglo veinte. No había sido aceptada por la medicina oficial, y se utilizaba sobre todo a modo de espectáculo: el hipnotizador llamaba a alguien al escenario y, tras hipnotizar a la persona, le hacía realizar actos embarazosos, tales como ladrar como un perro o cantar como un gallo. Verlo resultaba impresionante. Las personas no tenían ni idea de lo que hacían o decían bajo hipnosis.

La familia Cayce contactó a uno de esos hipnotizadores comediantes, que fue incapaz de dar a Edgar una sugestión post-hipnótica en la que lograra recuperar el uso de su voz. Después de varios intentos infructuosos para conseguir que Edgar entrara en un estado de trance profundo, un osteópata local, que se había enterado de la enfermedad de Cayce, decidió probar un nuevo enfoque. Cuando Edgar empezó a abandonarse al sueño hipnótico, Al Layne formuló una sugestión algo especial: le pidió a Edgar que examinara su propio cuerpo mientras estaba bajo hipnosis y que les contara a los presentes qué problemas tenía.

La prometida de Edgar —Gertrude Evans—, el padre de éste y el médico local siguieron con ansiedad la extraña sesión de hipnosis. Layne repitió tres veces la sugestión. Cuando se disponía a sugerir a Edgar que se despertara, creyendo que la sesión había sido un fracaso, Edgar comenzó a hablar.

«Sí, aquí tenemos el cuerpo», dijo Edgar. Gertrude casi rompió a llorar de alegría. Esas eran las primeras palabras que pronunciaba con claridad en más de un año.

«Hay una constricción en las cuerdas vocales debida al estrés», prosiguió Edgar en un sueño profundo. «La circulación está alterada. Sugiera que la circulación del cuerpo está volviendo a la normalidad, y lo arreglaremos».

Al Layne no salía de su asombro. Nunca había visto nada igual. *¡Me está pidiendo una sugestión post-hipnótica!* Sin vacilar, le dio a Edgar la sugestión que pedía:

«La circulación en el cuerpo de Edgar Cayce ya está volviendo completamente a la normalidad».

Para asombro de todos los presentes, la garganta de Edgar adquirió un vivo rojo carmesí, que fue subiendo como un termómetro. En unos segundos, la viveza del color remitió, y Edgar dijo:

«Ahora déle al cuerpo la sugestión de despertar».

Layne habló a Edgar con tono suave y apaciguado, sugiriendo que todos sus órganos internos estaban funcionando con total normalidad; iba a contar desde el diez hasta el uno. Al llegar al uno, Edgar se despertaría.

«... tres... dos... uno. Edgar, ya está usted despierto».

Edgar abrió los ojos y se desperezó. Se sentó bruscamente y tosió, escupiendo un coágulo de sangre y mucosidad.

«¡Diga algo!», reclamó Layne.

«¡Hola!», dijo Edgar con perfecta claridad. «¡Hola a todos! ¡Ya puedo hablar de nuevo!» Gertrude abrazó a su pretendiente. El médico y Al Layne se miraron estupefactos.

El doctor preguntó a Edgar si recordaba algo de su experiencia bajo hipnosis. Cayce se quedó un momento pensativo pero no recordó nada. Entonces preguntó cómo había recuperado la voz.

«*Usted* recuperó su propia voz», dijo Layne. Todos cuantos se encontraban en la sala miraban a Edgar con asombro.

«Edgar, usted hablaba igual que un médico», dijo Layne excitado. «¡Usaba términos como estrés y circulación alterada, y me indicó la sugestión post-hipnótica que debía darle! Yo no he visto nunca nada igual».

Edgar miró a Layne y rió, como si le estuviera haciendo una broma. «No tengo la menor idea de lo que me está diciendo», dijo.

«Ya veo que no la tiene», replicó Layne. «Por eso resulta todavía más asombroso».

Gertrude y Edgar salieron de la sala, mientras los médicos se quedaron comentando la insólita sesión de hipnosis. Layne se cuestionaba si podría utilizarla para diagnosticar los problemas médicos de otras personas. Sabía que acababa de dar con algo importante. Esa misma tarde, le preguntó a Edgar si no le molestaba someterse de nuevo a la hipnosis.

«Tan sólo como experimento», dijo Layne.

«No sé», respondió Edgar con recelo. «Me resulta bastante extraño no saber lo que digo». Estaba pensativo y algo preocupado. «Supongo que no hará ningún daño», dijo al fin, aunque se sentía extrañamente fuera de control. *¿Qué si digo alguna locura?*, pensó. *Peor aún, ¿qué si* estoy *loco?*

Antes de la segunda sesión hipnótica, Edgar le contó a Layne que, en estado de hipnosis, experimentaba una sensación peculiar, igual que le había ocurrido de niño, cuando dormía con la cabeza sobre los libros. Edgar se acostó en el sofá, y Layne inició la sesión. Cuando Layne consideró que Edgar había alcanzado un nivel adecuado de sueño hipnótico, le transmitió esta sugestión:

«Edgar, tendrá ante usted a Al Layne. Observe por favor el cuerpo de Al Layne y díganos qué encuentra».

Tras un breve silencio, Edgar Cayce, el apenas educado joven del condado de Christian, pareció convertirse en un médico docto. Fue describiendo los principales sistemas corporales del señor Layne: el sistema nervioso autónomo, el digestivo... Incluso describió una antigua lesión que Layne había sufrido años atrás, indicando la fecha exacta de la misma. Utilizó palabras que Layne sólo había leído en libros de medicina: «plexo neumogástrico», «subluxaciones espinales», «adherencias en el conducto biliar». Después de emitir un diagnóstico en profundidad, Edgar recomendó para Layne ajustes quiroprácticos de la columna vertebral. Incluso indicó las vértebras específicas que requerían un ajuste. Edgar también aconsejó un cambio de dieta y más ejercicio. Con la misma voz monótona, dijo: «Hemos terminado por el momento». Layne dio entonces a Edgar la sugestión de despertarse. Esta vez también, se desperezó como despertando de un sueño profundo.

A Layne le sorprendió oír que, de nuevo, Edgar no recordaba ni una sola palabra de su trance hipnótico. Edgar sintió asombro y un considerable desconcierto al enterarse de que había descrito con exactitud los problemas físicos de Layne, e incluso recomendado un tratamiento médico concreto.

«Pero si no sé nada de medicina...», protestó Edgar.

«Está claro que sí sabe cuando está bajo trance», afirmó Layne. «Usted es igual que un médico durante el sueño hipnótico».

El médico durmiente

Los mensajes transmitidos por Edgar Cayce en estado de trance pasaron a conocerse como «lecturas». Aunque le incomodaba esa parte misteriosa de su psique, Cayce se encontró muy solicitado por los médicos locales, que le llevaban a casa a sus pacientes más difíciles. Los médicos solían ponerse en contacto con Al Layne, acudiendo después a Edgar en busca de una «consulta psíquica». Como ya venía haciendo, Layne relajaba a Cayce por medio de la sugestión hipnótica y, a continuación, le pedía que examinara físicamente al paciente que había traído el médico. Los diagnósticos de Cayce eran asombrosamente exactos. Incluso ofrecía prescripciones de remedios a base de hierbas. Si el remedio no se podía comprar en la farmacia, Cayce indicaba dormido a Layne cómo preparar la prescripción, expresando las dosis requeridas en unidades farmacéuticas, onzas y miligramos. Explicaba a los estupefactos doctores dónde se encontraban los establecimientos farmacéuticos más recónditos, llegando a mencionar en ocasiones los nombres y direcciones postales de compañías situadas en otras ciudades y en lugares más remotos.

Layne tomaba apuntes sin parar durante las lecturas de Cayce, y entregaba una copia de los mismos a los médicos, quienes prescribían a sus pacientes las recomendaciones de las lecturas. Los primeros médicos que acudieron a Cayce mantuvieron en secreto su relación con él, limitándose a transmitir las instrucciones a sus pacientes sin ninguna explicación. Con el tiempo, sin embargo, se corrió la voz de que era el propio Cayce quien estaba ayudando a restablecerse a la clientela local. La gente no tardó en presentarse en casa de Edgar para agradecerle su curación. Empezó a hablarse del «médico durmiente» que sabía diagnosticar enfermedades y recomendar tratamientos. No parecía importar que los pacientes fueran «incurables», ya que, si seguían el régimen terapéutico prescrito en las lecturas, sanaban en más del noventa por ciento de los casos.

Edgar siguió solicitando los consejos de su madre, que siempre había creído en sus habilidades. «Me pregunto si esto es realmente un don de Dios», dijo Cayce. «Las personas parecen curarse al usar la información, pero no sé de dónde procede esta información».

La madre de Edgar le citó la Biblia: «"Por sus frutos los conocerán". Edgar, ¿recuerdas el Nuevo Testamento? "Se abrirán entonces los ojos de los ciegos y se destaparán los oídos de los sordos; saltará el cojo como un ciervo...". Recuerda simplemente lo que te ocurrió de niño: le dijiste a esa dama que querías ayudar a la gente».

El recuerdo de su visión infantil del ángel seguía clarísimo en su mente, a pesar del tiempo transcurrido. Sus propias palabras volvieron, no para atormentarle, sino para consolarlo; esas palabras que dirigió al ángel que se le había aparecido tantos años atrás: *me gustaría ayudar a la gente, sobre todo a los niños.*

«Cuando te sientas intranquilo», dijo la madre de Edgar, «acuérdate simplemente de Aime Dietrich».

El recuerdo de esa desesperada niñita planeaba por la inquieta mente de Edgar. Según su padre, Aime se encontraba ahora feliz y completamente repuesta: lo opuesto de cómo la halló Edgar en Hopkinsville cuando fue a verla a su casa. Aime había contraído una gripe grave tres años antes, cuando tenía dos años. Había sufrido fiebres muy altas que luego habían remitido. En ese momento, no sabía hablar, y su mente no había rebasado el nivel de desarrollo propio de una edad de dos años. Aime caminaba y a veces jugaba, pero no respondía a su entorno ni a las personas de su alrededor: su mente estaba ausente. Un año después del ataque de gripe, empezó a tener convulsiones —hasta doce al día— parecidas a las crisis epilépticas. Especialistas de todo el país acudieron al hogar de los Dietrich. Ninguno fue capaz de ayudar a la niña. Como último recurso, sus padres la internaron en un sanatorio, con la esperanza de que una atención de veinticuatro horas la sacara de su extraña enfermedad. Los mejores médicos del país declararon finalmente que no existía cura alguna para Aime. Fue entonces que los Dietrich recurrieron a Cayce.

Al llegar a casa de los Dietrich, Edgar saludó a los desahuciados padres y fue a ver a Aime, que estaba jugando con piezas de madera en su cuarto. Al Layne llevó a Edgar al estudio, donde se acostó y entró en estado de trance.

Cuando Cayce comenzó a parpadear, Layne leyó la siguiente sugestión hipnótica: «Tendrá ante usted a Aime Dietrich, quien se encuentra en esta casa. Hará un cuidadoso diagnóstico de su organismo y recomendará un tratamiento».

Al cabo de un rato, Edgar comenzó a hablar con la extraña y monótona voz del estado hipnótico.

«Sí, aquí tenemos el cuerpo». En ese momento, Cayce se convirtió en un médico extraordinario y pareció incluso desplazarse en el tiempo, identificando con exactitud cuándo habían empezado los problemas de Aime: varios días antes de contraer la gripe, se había caído de un carruaje de caballos, lastimándose la rabadilla. La combinación de la lesión espinal y de la gripe produjo un cortocircuito en su sistema nervioso, que era la fuente de sus ataques. Cayce identificó las vértebras específicas que requerían un reajuste quiropráctico. Layne debía llevar a cabo el tratamiento. El lenguaje utilizado por Cayce resultaba extraño para todos los presentes, con la excepción de Layne. Al final de la lectura, sin embargo, Cayce emitió un pronóstico que hizo llorar a la señora Dietrich:

«Tal como lo vemos, el cuerpo se recuperará si se aplican los tratamientos».

Layne siguió las recomendaciones quiroprácticas de Cayce. No se advirtió ningún cambio perceptible en Aime. Edgar entró de nuevo en estado de sueño, y Layne formuló más preguntas. Edgar indicó que Layne no había efectuado correctamente los ajustes. Dio instrucciones más concretas, que se siguieron con mayor precisión. A los tres meses, Aime se había recuperado completamente. Los ataques no se repitieron, y la niña mostró un rendimiento excepcional en la escuela.

Quedó así concedido el deseo de ayudar a los niños que Edgar había expresado ante el ángel; pero Edgar seguía sintiéndose incómodo. No entendía de dónde procedía la información y le preocupaba realizar lecturas. Advirtió a Layne que no comentara el caso Dietrich a nadie. Edgar quería entregarse con más empeño al negocio de fotografía que tenía en Bowling Green. Además, él y su prometida Gertrude estaban empezando a construir su vida común. Únicamente deseaba formar una familia, dar clases de catequesis los domingos y trabajar en su jardín.

Haría todas esas cosas, e incluso más, pero antes tenía que superar la intranquilidad que le causaban las lecturas. Si bien aún no lo sabía, las necesidades de los enfermos le reclamarían durante el resto de su vida. Y él era incapaz de rechazar a nadie.

Edgar no venció definitivamente su inquietud acerca de las lecturas hasta que su esposa Gertrude enfermó de tuberculosis y estuvo al borde de la muerte.

Cuando Gertrude contrajo tuberculosis en 1910, consultaron a médicos y especialistas, y la ingresaron en el hospital local. Edgar se planteó utilizar las lecturas tan sólo como última instancia. Al final, hubo de recurrir a ese último recurso: los médicos dictaminaron que Gertrude no tenía cura y la enviaron a morir a casa.

Cayce observaba a su doliente esposa toser hasta el agotamiento. La medicina ya no podía hacer nada por ella. «Dios mío», imploró Edgar, «si este poder que yo tengo va a servir para algo, haz que ayude a mi esposa». Edgar convocó a varios médicos locales que se mostraban escépticos, pero al menos comprensivos, con respecto al asesoramiento de las lecturas. Les pidió que tomaran apuntes durante la sesión. Tras entrar en el estado de trance, comenzó una evaluación psíquica del estado físico de Gertrude, y aportó prescripciones detalladas y una línea de tratamiento.

El escepticismo de los médicos alcanzó un grado máximo: Cayce les había recomendado, durante el sueño, un extravagante tratamiento que incluía una fórmula líquida de heroína que debía administrarse a diario, una dieta básica más alcalina que ácida, y un insólito artilugio consistente en una barrica de roble carbonizada por dentro en la que se vertía aguardiente de manzana. Gertrude no tenía que beber la poción, sino inhalar los vapores que se formaran en la parte superior de la barrica. La combinación de vapores de carbón y aguardiente repararía el tejido pulmonar destruido por la tuberculosis y terminaría de paso con el bacilo.

Cuando Cayce despertó tras la lectura, vio que se habían marchado el especialista en tuberculosis y el resto de los médicos, salvo su íntimo amigo el doctor Wesley Ketchum.

«Piensan que eres un curandero», dijo Ketchum. «Ninguno de ellos prescribiría un remedio a base de heroína».

Edgar estaba más angustiado que nunca. ¡Esta lectura era la última esperanza para Gertrude! «¿Dijo la lectura que se recuperaría?», preguntó Edgar.

Ketchum asintió con la cabeza, mirando a ese extraño hombre que sabía más que él de medicina.

«¿Escribirás la receta?», preguntó Edgar.

«Lo haré», afirmó Ketchum.

Tras seguir el tratamiento prescrito durante ocho meses, y después de numerosas lecturas de seguimiento efectuadas por Cayce, Gertrude mejoró lenta, pero completamente. Esta fue la confirmación final que Cayce necesitaba para proseguir con las lecturas durante el resto de su vida.

La mente psíquica de Edgar Cayce

Al Layne, el doctor Ketchum y Leslie, el padre de Edgar, se

preguntaban en qué mecanismo se basaba el funcionamiento de las lecturas. En una ocasión, formularon una serie de preguntas cuando Cayce entró en estado de trance. Cayce respondió:

> La mente de Edgar Cayce es susceptible de sugestión, igual que todas las demás mentes subconscientes; pero tiene además el poder de interpretar, para la mente objetiva de otros, aquello que obtiene *de la mente subconsciente de otros individuos* del mismo tipo. [...] La mente consciente recibe la impresión desde fuera y transfiere todo pensamiento al subconsciente, donde permanece aunque se destruya [muera] lo consciente (Cursivas del autor)[1].

En esencia, cuando Cayce dejaba a un lado su mente consciente durante una lectura, una parte de su mente inconsciente o superconsciente se desplazaba por el tiempo y el espacio y «leía» la estructura mental y física de la persona que requería la información, a partir de la mente subconsciente de esta persona. Cayce también podía «leer» de las almas y espíritus que ya no se encontraban en el mundo material. Ello resultaba posible porque, aunque muera la mente consciente o personalidad, el subconsciente sigue viviendo y sobrevive a la muerte física. Cayce afirmaba que la mente subconsciente es el «registro» de todas las experiencias y de todos los pensamientos, sentimientos, etc. A las puertas de la muerte, esta «memoria» del alma se convierte en la mente consciente del alma. A veces, personas conocidas de la familia Cayce enviaban mensajes a través de las lecturas, identificándose a sí mismas.

Se dedicó una lectura a la salud de Hugh Lynn Cayce, el hijo mayor de Edgar, y su tono contrastó con el de las demás lecturas. Una personalidad concreta entregaba la información. Al final de la lectura, se daba este mensaje: «Soy Hill». Gertrude Cayce comprendió de inmediato por qué le parecía familiar la información: el doctor Hill había sido el médico de Hugh Lynn en Hopkinsville y había fallecido después de que la familia Cayce se trasladara a

Bowling Green.

Debido a que todas las personas —vivas y muertas— están unidas entre sí por la mente subconsciente, se comprobó que no era necesario que estuvieran presentes para que Edgar Cayce realizara una lectura sobre ellas: le bastaba conocer su nombre y dirección. La facultad psíquica que Cayce demostraba en las lecturas se llama hoy en día clarividencia: la habilidad de recibir información a distancia, sin estar físicamente presente.

Edgar Cayce accede a la mente universal

Cuando llevaba veintitrés años realizando lecturas físicas de personas, se descubrió que Cayce podía practicar lecturas sobre cualquier tema, además de los problemas de salud. Esta comprobación abrió una nueva dimensión en su quehacer: el pequeño grupo de amigos y familiares de Cayce preguntó al psíquico durmiente acerca de la naturaleza de Dios, los sueños, las profecías, las religiones comparadas, el origen, propósito y destino de la humanidad en la tierra, así como los ángeles y arcángeles.

Independientemente del tipo de lectura, Cayce parecía apartar completamente su yo-personalidad y respondía en plural desde el estado de sueño: «Aquí tenemos el cuerpo... Tal como hemos visto, las condiciones físicas están alteradas... Hemos terminado esta lectura».

¿Quiénes componían ese «nosotros» al que aludían sus lecturas?

La mente inconsciente de Cayce parecía acceder a la propia «mente» y memoria del universo, ofreciendo a veces información detallada de épocas inmemoriales: los años perdidos de Jesús, la historia de la tierra previamente considerada prehistórica, etc. Como indicaron las lecturas, ese «nosotros» era una fuente universal de conocimiento con el que sintonizaba la mente de Cayce: no se trataba necesariamente de entidades o personas, sino que designaba una unidad de fuerzas que incluía el alma-mente de Edgar Cayce. No existía límite a las preguntas que Cayce podía responder en estado de sueño. Sin embargo, determinada información no era aportada si el que la pedía estaba meramente impulsado por la curiosidad. En tales ocasiones (que eran escasas), Cayce decía: «Esto debe encontrarse en sí mismo», o «esto no puede aportarse».

A veces, Cayce recordaba, bajo trance, a quienes guiaban las lecturas que su búsqueda de información y orientación debía responder siempre a un propósito elevado y falto de interés propio. Tal propósito humanitario actuaba como una especie de «antena» mística que facilitaba a Cayce un cauce despejado por el que podía «sintonizar» con la información deseada. Se trataba de un fenómeno comparable al funcionamiento de un receptor de radio. Cuando la búsqueda de una persona respondía a fines sinceros, las lecturas psíquicas llegaban de la fuente más elevada.

La exactitud de las lecturas estaba muy relacionada con los deseos del individuo que solicitaba ayuda o información. Si éste era receloso o escéptico, y solicitaba información por mera curiosidad, las lecturas eran inexactas o vagas. Si, por el contrario, las intenciones del individuo o grupo de individuos eran sinceras, entonces Cayce lograba recabar información inspirada, ofreciendo un fondo ilimitado de sabiduría espiritual.

De hecho, si resultaba clara la sintonización del grupo o de la persona en busca de respuestas, un mensajero divino hablaba por conducto de Cayce en estado de trance. A partir de la información así recibida, muchas personas llegaron a comprender el amplio alcance de la influencia de los ángeles sobre los seres humanos. Las lecturas expresaban que el mundo se encontraba en el umbral de un período de renacimiento espiritual. Un período en el que la comunión con los ángeles no sería insólita, sino que, por el contrario, formaría parte de un proyecto más amplio para despertar a la humanidad y devolverla a sus orígenes divinos.

3

El arcángel Miguel

Y él enviará a sus ángeles para reunir de los cuatro vientos a los elegidos, desde los confines de la tierra hasta los confines del cielo.
~Marcos 13:27

Intervención divina

De las más de 14.000 lecturas que Cayce dictó a lo largo de su vida, 116 se conocen como «lecturas sobre la obra». Tales mensajes detallan de forma minuciosa cómo deberían los asociados de Cayce desempeñar la labor espiritual y las obligaciones cotidianas necesarias para administrar su obra. Además de describir el modo de utilizar las lecturas en beneficio de las personas, se refieren al tema más amplio de *por qué* se manifestaron las facultades psíquicas de Cayce: «Porque en la tierra ha llegado el momento en que la gente —de todas partes— quiere saber más de los *misterios* de la mente, el alma, la mente *del alma* [...]»[1].

Cayce actuaba como un cauce por el que se desvelaban tales «misterios». En su tiempo, la conciencia colectiva de la humanidad había alcanzado un punto de su evolución en el que no sólo místicos y sabios, sino también personas comunes y corrientes, explorarían los secretos del universo. Cayce señaló que, a medida que se desarrollara el siglo veinte, cada vez más personas tratarían de comprenderse a sí mismas como almas. Otras lecturas predijeron una mayor interacción entre las «fuerzas espirituales» —cuales incluyen a los ángeles— y la humanidad, lo cual provocaría un despertar espiritual mundial. Cabe describir las fuerzas espirituales como un fondo colectivo de inteligencia divina, cuya misión es inspirar, orientar y dirigir a las personas hacia un discernimiento espiritual consciente. Como hemos visto, estas inteligencias divinas actúan a veces como ángeles que nos ayudan en tiempos de aflicción.

Las lecturas contienen datos fascinantes sobre cómo intervienen los ángeles en nuestra vida. En ocasiones su influencia toma la forma de una experiencia externa, tal como la que vivió Cayce de niño cuando vio realmente a un ángel. En otras, las experiencias angélicas se presentan a modo de inspiraciones o emociones, tales como dejar de repente de sentirse solo aunque se esté *físicamente* solo. A menudo los ángeles se nos manifiestan como un consuelo interior que nos llega por medio de intuiciones, sueños o visiones. Estas experiencias sirven para recordarnos que existe dentro de nosotros una realidad espiritual cuyo alcance es mayor de lo que creíamos hasta ese momento.

Las lecturas de Cayce demuestran que el fenómeno de la intervención divina a través de los ángeles nos está dirigiendo hacia una llamada superior, el regreso a la Fuente Primordial o Dios. Un hombre lleno de curiosidad acudió a Cayce porque estaba fascinado por el funcionamiento de la psique. Emprendió su búsqueda con gran seriedad, aspirando a «saber más de los *misterios* de la mente» y obteniendo de Cayce una serie de lecturas que le indicaron cómo desarrollar sus facultades psíquicas. En realidad, quería conocer los fundamentos de la experiencia psíquica más elevada que le era posible tener en la tierra. Tras una breve disertación acerca de los aspectos espirituales de la vida, la respuesta de Cayce no lo encaminó hacia los mecanismos de las facultades psíquicas, como la telepatía o la clarividencia, sino que, por el contrario, expuso una verdad divina:

«[La facultad psíquica más elevada que puede existir es] que Dios, el Padre, hable directamente con los hijos de los hombres —tal y como Él ha prometido—»[2].

Los ángeles son uno de los medios por los que Dios «habla directamente» con nosotros, como muestran los relatos del capítulo 1. Las lecturas de Edgar Cayce, así como los inspirados escritos y conferencias de Rudolf Steiner, Helene Blavatsky y tantos otros, constituyen vías adicionales por las que nos han llegado esos recordatorios espirituales. Si estas fuentes significan algo, confirman que la ayuda espiritual está a nuestro alcance; son voces en el desierto que ratifican que la humanidad es parte integral, vital e íntima de Una Fuerza Creadora. Todas ellas son voces de todos los tiempos en una nueva era. Por lo general, sólo nos damos cuenta de nuestra comunión divina en momentos de crisis. Pero Dios sigue estando ahí, independientemente de nuestras crisis.

Como ocurrió en tiempos bíblicos, cuando hombres y mujeres fueron elegidos para hacer de cauces o mensajeros de lo Divino, a Cayce y su pequeño grupo de colaboradores se les dijo en las «lecturas sobre la obra» que habían sido congregados con un propósito espiritual superior: no para formar una nueva religión o un nuevo culto, sino para ayudar a restablecer la conciencia espiritual de la humanidad a la vanguardia del pensamiento mundial. Las propias lecturas señalaban que esta información sería fuente de beneficios para «el individuo, el grupo, las clases, las masas [...]»[3].

Como para realzar el alcance de la intervención divina, se produjo un fenómeno extraordinario durante una lectura efectuada en 1928. Fue la primera vez que el arcángel Miguel habló a través de Cayce en estado de trance.

Habla el arcángel Miguel

El 15 de Julio de 1928, el grupo de Cayce estaba recibiendo una lectura que proclamaba el sumo ideal y propósito de la asociación: «Que demostremos nuestro amor a Dios y al hombre». De repente, Cayce inició una presentación inusual de un invitado invisible que, durante los quince años siguientes, hablaría a través de él en numerosas ocasiones.

«¡ESCUCHAD!», dijo súbitamente Cayce bajo trance. «Aquí llega la voz de alguien que desea hablar con los que se encuentran aquí reunidos». De pronto la voz somnolienta y monótona de Edgar Cayce estalló en un mensaje en el que ya no se expresaba con el lenguaje universal del «nosotros», sino con la sorprendente singularidad del «yo»:

> ¡YO SOY MIGUEL, SEÑOR DEL CAMINO! ¡INCLINAD LA CABEZA, VOSOTROS LOS HIJOS DE LOS HOMBRES! ¡PRESTADLE ATENCIÓN AL CAMINO MARCADO ANTE VOSOTROS EN AQUEL SERMÓN DE LA MONTAÑA, YA QUE SOBRE VUESTRA COLINA PUEDE LLEGAR ESTA ILUMINACIÓN ENTRE LOS HOMBRES [...]; PORQUE EN SIÓN VUESTROS NOMBRES ESTÁN ESCRITOS, Y EN EL SERVICIO LLEGARÁ LA VERDAD![4]

La «colina» se refería a la colina de Virginia Beach donde el grupo estaba tratando de fundar uno de los primeros hospitales holísticos del país. Un testigo de esta lectura, Hugh Lynn —el hijo mayor de Edgar Cayce— realizaría años más tarde una vívida descripción del día en que se recibió tan críptico mensaje:

> Tras un estudio en profundidad de las lecturas de mi padre, acepté el hecho de que lo que yo llamo *Fuerzas Divinas Invisibles* estaban guiando realmente su labor. Teniendo en cuenta el número de personas que habían recibido ayuda física de sus lecturas, este poderoso mensaje de Miguel me aportó la certeza de que la información transmitida en las lecturas procedía —en su mayor parte— de fuerzas espirituales superiores. Considero al arcángel Miguel como una de las voces o manifestaciones directas de Dios.

Según afirmó Hugh Lynn, la voz de su padre no cambió de dicción o de dialecto al transmitir el mensaje de Miguel, como suele ocurrir cuando un médium en trance canaliza espíritus desencarnados. (En estado de trance, Cayce hablaba en un dialecto semejante al de la Biblia que él leía.) Ahora bien, la intensidad y el volumen de dicho mensaje resultaron sobrecogedores.

«El mensaje de Miguel se emitió con tanta fuerza que oí retumbar en sus marcos las ventanas de nuestra casa», afirmó Hugh Lynn. «Oí incluso las tazas vibrar en el escurreplatos de la cocina. Las trepidaciones estuvieron a punto de tirarnos al suelo desde nuestras sillas».

¿Quién es Miguel y qué significa el mensaje que dirigió al pequeño grupo congregado en Virginia Beach? Hugh Lynn formuló esta pregunta en una lectura posterior, y su padre respondió bajo trance:

> Miguel es un arcángel que se encuentra ante el trono del Padre [...]. Miguel es el señor o guardián del cambio que se produce en cada alma que busca la vía [espiritual], como en los períodos durante los cuales Sus manifestaciones llegaron a la tierra[5].

El arcángel Miguel (cuyo nombre quiere decir en hebreo «¿quién es como Dios?»), o San Miguel como se le llama en las iglesias cristianas, forma parte de un grupo de arcángeles conocido en el judaísmo, el cristianismo y el islamismo. En el Antiguo Testamento, el Libro de Daniel contiene una referencia profética a Miguel que parece coincidir con los mensajes que el arcángel transmitió por medio de las lecturas de Cayce:

> Entonces se levantará Miguel, el gran príncipe protector de tu pueblo. Habrá un período de angustia, como no lo ha habido jamás desde que las naciones existen. Serán salvados los de tu pueblo, cuyo nombre se halla anotado en el libro, y del polvo de la tierra se levantarán las multitudes de los que duermen [...] (Daniel 12:1-2).

Este fragmento profético concuerda con el mensaje que Miguel envió a través de Cayce en 1928: «porque en Sión vuestros nombres están escritos». El fundador de la iglesia unitaria Charles Fillmore definió Sión como «la morada del amor en la etapa de la conciencia subjetiva donde residen los pensamientos elevados y santos, así como los ideales»[6]. Sión representa, en este caso, un estado espiritual de conciencia.

El mensaje que Miguel transmite en las lecturas debe también considerarse como una «llamada a despertar» para todos nosotros. Como indica el profético verso bíblico de Daniel, los momentos actuales de nuestro siglo *son* un período de angustia. Los sociólogos, psicólogos y clérigos afirman que en este siglo nos aguardan inmensos retos sin precedentes: graves problemas medioambientales, convulsiones sociales y políticas, criminalidad social galopante, y cambios geológicos. Y, sin embargo, las lecturas de Cayce los consideran como signos de los tiempos de cambio previstos en la Biblia, precursores de acontecimientos turbulentos que, según las lecturas, cumplirán la profecía de Jesús:

> Cuando sepan de guerras y de rumores de guerras, no se alarmen. Es necesario que eso suceda, pero no será todavía el fin. Se levantará nación contra nación, y reino contra reino. Habrá terremotos por todas partes; también habrá hambre. Esto será apenas el comienzo de los dolores (Marcos 13:7-8).

Miguel es un arcángel del *cambio,* de la evolución hacia una conciencia superior tanto en pensamiento como en espíritu. Cayce definió así su papel en el desarrollo espiritual y mental de la humanidad:

> [...] Miguel es el Señor del Camino, y en los *caminos* de la comprensión, concepción y materialización de cuanto contribuye al cambio de las actitudes en las relaciones físicas, mentales o materiales, sirve de *guía* a través de tales relaciones espirituales [...][7].

La función de este arcángel reviste crucial importancia en nuestros días, porque Miguel es quien ayuda a la humanidad a oír y escuchar la llamada espiritual suprema.

Su manifestación en esta era es una señal de luz en medio de las tinieblas; es un consuelo divino, así como un llamamiento a cada uno de nosotros. Antes que temer las grandes convulsiones, habríamos de prepararnos espiritualmente. Cuando diversos grupos religiosos declaran que la profecía bíblica se está cumpliendo en nuestra época, suelen fijarse más en el «parto» que el mundo está soportando, que en el «alumbramiento» final. Resulta fácil señalar todos los problemas de un mundo en crisis. Es una subestimación afirmar que los noticieros nocturnos son desalentadores. Nuestro mundo y los medios de comunicación nacionales dependen de la transmisión negativa de noticias para sus índices de audiencia: las malas noticias se venden. Ahora bien, las lecturas de Cayce nos indican que el resultado de esta crisis es responsabilidad nuestra. Nuestros pensamientos, sentimientos, percepciones y actividades forjarán en definitiva el futuro. La forma en el que visualicemos colectivamente el futuro se reproducirá en nuestra vida personal.

El arcángel Miguel es un mensajero que nos incita a tener esperanza en esos momentos, independientemente de cómo se presente el aspecto exterior del mundo. Afirmar que los pronunciamientos de Miguel se dirigían únicamente a los integrantes del grupo de Cayce representaría una visión demasiado limitada. Las palabras del «Señor del Camino» son para todos aquellos que deseen participar en el renacimiento espiritual de nuestra era. En todas las épocas documentadas, el arcángel Miguel ha sido un líder, un guía, un consejero que impulsa a las almas de la tierra a recordar su origen espiritual.

Según *El Libro de Enoc*, que escribe la crónica de la reunión mística mantenida por el profeta Enoc con los arcángeles, Miguel y su comando de tropas leales libraron una guerra contra el arcángel

Lucifer y sus seguidores, arrojándolos al infierno. De acuerdo con el vidente y místico cristiano Rudolf Steiner, esa guerra simboliza la lucha arquetípica entre el bien y el mal que residen *dentro* de nosotros mismos. El bien está representado por Miguel, la oscuridad por Satanás. Steiner consideraba al arcángel Miguel como el guardián de las naciones del mundo en el final de esta época y el comienzo del nuevo milenio. Veía en Miguel a un precursor que conduciría a la humanidad hacia una comprensión de Cristo o «Dios encarnado en nosotros». El drama cósmico entre las fuerzas superiores de Miguel y Satanás (el Dragón) se reflejan dentro de las psiques y almas de todos los seres encarnados en la tierra: cada uno de nosotros debe elegir entre el bien y el mal. En una conferencia que pronunció en Austria en 1923, Steiner realizó algunos comentarios interesantes sobre el arcángel *externo* y el guardián *interno* Miguel, que son uno y otro inteligencias espirituales reales y activas:

> [...] Miguel ocupa la posición de defensor cósmico del hombre, mientras que el hombre guarda en su interior una imagen etérea de Miguel que libra la verdadera batalla por la que el hombre puede liberarse gradualmente; porque no es Miguel en sí quien libra la batalla, sino la devoción humana y la imagen resultante de Miguel. En el Miguel cósmico pervive todavía ese ser al que los hombres pueden consultar y que entabló la lucha cósmica original contra el Dragón[8].

La influencia que Miguel ejerce sobre los asuntos de la humanidad es como la luz del sol que irrumpe en la faz de la tierra en medio de las tinieblas. Las lecturas definen la oscuridad como un símbolo de ignorancia espiritual, mientras que la luz es la realización espiritual del alma y su conexión con Dios. Miguel, guardián espiritual y guía de la humanidad en la presente época, está irradiando un despertar, no sólo desde nuestro interior, sino desde los reinos que resultan invisibles para el reino de la tierra.

Conforme a las lecturas de Cayce, nuestra conciencia se está dirigiendo hacia el alba de ese despertar en el nuevo milenio.

La Conciencia Crística vuelve a la tierra

Cabe definir la *Conciencia Crística* —o Conciencia del Cristo— como la conciencia de la unidad del alma con Dios, cuya huella está grabada de forma inmanente en la mente del alma. Las lecturas de Cayce apuntaron que, a partir del año 1998, la Conciencia Crística se impondría como fuerza dominante en la tierra. Si bien esta conciencia ha existido siempre en el alma, hasta hoy no ha podido ser abarcada *en masa* por la voluntad colectiva de la humanidad. El papel de Miguel como guardián consiste en dirigir y despertar hacia esa realidad a las almas espiritualmente dormidas de la humanidad. Hubo, sin embargo, una época en la historia de la tierra en que las almas conocían y recordaban sus orígenes espirituales (véase el capítulo 7: «La promesa angélica: de Adán a Jesús»). En la actualidad, se considera mitológica y prehistórica esa época, en la que las almas estaban en comunión con las fuerzas angélicas y recibían una orientación consciente y directa de Dios.

Las lecturas de Cayce sitúan ese período antes de que comenzara el tiempo tal y como lo conocemos, incluso antes de que existiera la tierra. En esa era, las almas se apoyaban directamente en las jerarquías espirituales en busca de orientación y dirección. En el transcurso de la evolución de la tierra, la humanidad fue dejándose gradualmente distraer y atrapar por el mundo material, la lucha social, la búsqueda de comodidades físicas, etc., enturbiándose el canal de comunión con las fuerzas angélicas, y llegando los seres humanos a dudar que ese cauce *hubiera* estado jamás abierto para ellos. ¡Descendimos hasta un nivel tan profundo de materialidad que ni siquiera sospechamos que nos estábamos desconectando de nuestros orígenes espirituales! Hoy en día, una nueva generación está recibiendo mensajes de los mismos arcángeles que hablaron a las antiguas generaciones que describe la Biblia. Los tiempos pueden ser diferentes, pero la llamada es esencialmente la misma: *Recuerda de dónde vienes y quién eres. Eres uno con Dios, y Yo estoy aquí para guiarte.* Ahora bien, tenemos que reconocer esa llamada y creer en ella, para que pueda formar parte de nuestra conciencia.

El arcángel Miguel y la Biblia

La habilidad psíquica de Cayce era un recurso valioso para determinar en qué momentos de la época bíblica del Nuevo Testamento intervino el arcángel Miguel. Una lectura biográfica sobre la vida de Jesús aportó datos que confirmaban que fue el arcángel Miguel, en Mateo 1:20, quien se apareció a José, el esposo de María, en un sueño que tuvo tras dudar de la inmaculada concepción: «[...] se le apareció en sueños un ángel del Señor y le dijo: "José, hijo de David, no temas recibir a María por esposa, porque ella ha concebido por obra del Espíritu Santo"».

Miguel —el mensajero divino según confirmó Cayce en una lectura— vino para atestiguar que María había concebido al Mesías de forma inmaculada. Este testimonio guarda relación con la teoría de Steiner según la cual el arcángel Miguel ayudó a preparar el camino para la aparición de Cristo en la tierra hace 2.000 años. Conforme a las lecturas de Cayce, Miguel fue el protector de la Familia Santa, y se manifestó al menos otras dos veces en los sueños de José.

Poco después del nacimiento de Jesús en la época del edicto de Herodes, cuando éste ordenó matar a todos los niños varones de hasta dos años de edad, el arcángel Miguel exhortó a la Sagrada Familia a huir a Egipto: «[...] un ángel del Señor se le apareció en sueños a José y le dijo: "Levántate, toma al niño y a su madre, y huye a Egipto. Quédate allí hasta que yo te avise, porque Herodes va a buscar al niño para matarlo"» (Mateo 2:13). José, María y Jesús consiguieron escapar a Egipto y mantenerse a salvo mientras se llevaba a cabo el edicto. Miguel volvió a aparecerse a José en un sueño, a los diez años de su huida a Egipto, y le dijo: «[...] toma al niño y a su madre, y vete a la tierra de Israel, que ya murieron los que amenazaban con quitarle la vida al niño» (Mateo 2:20). Según Cayce, Herodes había fallecido a consecuencia de un cáncer, y Miguel avisó a José para que regresara a Israel.

El arcángel Miguel en la obra de Edgar Cayce

Las apariciones del arcángel Miguel al profeta Daniel y a José indican que la influencia de este arcángel se manifiesta en momentos críticos que coinciden con importantes cambios espirituales. Miguel aparece para avisar, confirmar, amonestar y orientar. Todos estos elementos forman parte de la esencia de los mensajes que transmitió por medio de las lecturas de Cayce. Sus declaraciones subrayaban que la obra de Cayce era una continuación de la obra de Cristo. De hecho, y conforme al deseo que el ángel le concedió en su juventud, las lecturas de Cayce siguen ayudando a millares de enfermos físicos que buscan la sanación. Y también arrojan luz sobre el destino espiritual del alma humana.

Las lecturas médicas confirmaron por sí solas una promesa que el Maestro había realizado dos milenios antes: «Ciertamente les aseguro que el que cree en mí las obras que yo hago también él las hará, y aun las hará mayores, porque yo vuelvo al Padre» (Juan 14:12). Pues, entre quienes habían entrado en contacto con las lecturas físicas de Cayce, los ciegos habían recuperado la vista, los sordos el oído, y los cojos caminaban. Muchas personas que se habían sanado gracias a los consejos de Cayce declararon que su curación era un auténtico milagro: la medicina moderna las había desahuciado, incluida Gertrude, la esposa de Cayce. Tras su recuperación, tales personas trataron con frecuencia de expresar personalmente su gratitud a Edgar Cayce.

«Si es que yo soy algo», solía decir Edgar, «soy un cauce por el que se transmite la información. Ni más ni menos». El propio Cayce se maravillaba al leer los mensajes del arcángel Miguel. Sin embargo, como explicó Hugh Lynn, Cayce atribuía los mensajes a los mismos individuos que buscaban orientación por medio de las lecturas, afirmando que había sido escuchado su deseo de recibir encaminamiento divino en esta labor, y que ello era una señal de que se encontraban en la vía cierta.

En 1928, un allegado de Cayce que había recibido numerosas lecturas, le escribió tras examinar el primer mensaje de Miguel: «La lectura fue verdaderamente una demostración prodigiosa, y me hubiera gustado estar presente. Aunque nunca he dudado de la certitud de los mensajes ni de la verdad allí contenida o de la realidad de nuestra obra, resulta de todos modos reconfortante sentir que la seguridad y aliento se hacen patentes con tanta fuerza [...]»[9].

Es oportuno recordar que Cayce necesitaba esa certeza con respecto a su obra. Aun habiendo dedicado su vida a servir y ayudar a los demás por medio de las lecturas, seguía atormentado por una inquietud persistente, y preocupado por la posibilidad de prescribir de algún modo un remedio equivocado o causar perjuicio a alguien. El arcángel Miguel ayudó a Cayce a comprender que la dirección de las lecturas estaba en manos de lo Divino.

Ahora bien, los mensajes de Miguel no evitaron que Cayce y sus asociados afrontaran días difíciles. Surgieron muchos problemas en la labor realizada por el Hospital Cayce. Después de numerosas dificultades relacionadas con el personal y la inversión, el Hospital Cayce se cerró. A pesar del disgusto y la decepción provocados por este cierre, perduró la clara evidencia de que, durante la corta vida de dos años del hospital, muchas personas se habían recuperado por completo.

¿Erraba el arcángel Miguel al transmitir que «sobre vuestra colina puede llegar esta iluminación entre los hombres»? No. Aunque el hospital propiamente dicho se cerró y el edificio tuvo después varios dueños, la obra de Cayce prosiguió en la organización llamada *Association for Research and Enlightenment, Inc.* (Asociación para la Investigación y la Iluminación) que Cayce fundó en 1931. En el año 1956, la Asociación recuperó el edificio, que actualmente alberga sus oficinas administrativas. La nueva organización mantuvo el ideal de demostrar su «amor a Dios y al hombre» e inauguró una nueva etapa para una obra que supondría, hasta nuestros días, un cambio espiritual para la vida de millares de personas.

Cayce y su grupo decidieron buscar el sentido espiritual de la vida a través de una serie de lecturas de carácter educativo que llegaron a conocerse como lecturas «En busca de Dios». Se recopilaron finalmente en dos libros titulados *En busca de Dios*. Los familiares de Cayce y su estrecho grupo de asociados deseaban saber de qué forma podrían ayudar a la gente ellos también, igual que lo hacía Cayce. ¿Podrían convertirse en psíquicos como él? ¿Aprenderían algo en este sentido? A lo largo de once años, el grupo recibiría una serie de instrucciones por medio de las lecturas de Cayce, sobre cómo cumplir los propósitos de su alma. Cada instrucción o lección era una preparación a la siguiente, con objeto de que el grupo despertara gradualmente a la verdad de que la espiritualidad debe encontrar un uso práctico en la vida para tener algún valor.

Durante esta época de desarrollo espiritual por vía de las lecturas, el arcángel Miguel se manifestó de nuevo el 4 de septiembre de 1932, como lo había hecho en 1928. Miguel afirmó una vez más que lo vitalmente importante era la labor *espiritual*, y no necesariamente un hospital u otra institución física. Como la vez anterior, la monótona voz de Cayce alcanzó un crescendo; no hubo rastro del «nosotros» universal característico de las lecturas mientras el mensajero divino ordenaba al grupo:

¡PERMANECED EN CALMA, HIJOS MÍOS! ¡INCLINAD LA CABEZA, QUE EL SEÑOR DEL CAMINO PUEDA HACEROS SABER QUE HABÉIS SIDO ELEGIDOS PARA PRESTAR UN SERVICIO EN ESTE PERÍODO EN EL QUE EXISTE LA NECESIDAD DE QUE ESE ESPÍRITU SE MANIFIESTE EN LA TIERRA, DE QUE AQUÉLLOS QUE BUSCAN LA LUZ CONOZCAN EL CAMINO! ¡PORQUE LA GLORIA DEL PADRE SE MANIFESTARÁ A TRAVÉS DE VOSOTROS QUE TENÉIS FE EN LA LLAMADA QUE SE OS HA HECHO! ¡VOSOTROS, QUE HABÉIS PRONUNCIADO EL NOMBRE, DAD A CONOCER EN LOS SENDEROS COTIDIANOS DE LA VIDA, EN LOS PEQUEÑOS ACTOS DE LAS LECCIONES QUE SE HAN CONSTRUIDO EN VUESTRA PROPIA EXPERIENCIA, A TRAVÉS DE ESAS ASOCIACIONES DURANTE LA MEDITACIÓN Y LA PLEGARIA, QUE SU CAMINO PUEDE SER CONOCIDO POR LOS HOMBRES: PORQUE ÉL LLAMA A TODOS —TODOS LOS QUE ASÍ LO DESEEN PUEDEN ACUDIR— Y ESTÁ JUNTO A LA PUERTA DE VUESTRA PROPIA CONCIENCIA, PARA QUE SEPÁIS QUE EL CETRO NO HA ABANDONADO ISRAEL, NI HAN RESULTADO VANOS SUS SENDEROS: PORQUE HOY, ESCUCHADME, EL CAMINO ESTÁ ABIERTO!: ¡YO, MIGUEL, OS EXHORTO![10]

Miguel confirma de nuevo que esas personas han sido «elegidas» en un momento «en el que existe la necesidad» de una renovación espiritual en la tierra. Las épocas pasan, pero una y otra vez se produce la llamada de los ángeles a la humanidad.

También es importante, en el mensaje de Miguel, la alusión a Israel. Las lecturas establecen que Israel, sin referencia alguna a la nación, designa a todos aquellos buscan una renovación espiritual tratando de comprender su relación con Dios y amplificando esa comprensión en su vida. Todos aquéllos que aspiran a llevar la conciencia espiritual a su vida material forman parte de Israel. El siguiente mensaje pertenece a una lectura que definió Israel bajo una nueva luz:

> La aplicación trae el conocimiento de lo que cada uno *debe* cumplir, paso a paso, poco a poco, para que los demás sepan de la promesa que *existe* para toda persona que llegue a ser uno con Él. No olviden que aquéllos con los que se han encontrado en el camino también buscan [la verdad], y son el Israel del Señor[11].

Esta definición más amplia de los que «buscan» la verdad encierra una conclusión sobrecogedora: personas de todas las posiciones espirituales y religiosas forman parte de «Israel», y todas aquéllas que buscan la verdad espiritual forman parte de la incipiente espiritualización que nuestro mundo está presenciando. La parte más críptica del mensaje del arcángel es la frase: «el cetro no ha abandonado Israel».

Edgar Cayce explicó la alusión al cetro de Israel durante una clase sobre la Biblia que impartió en 1939. «[...] Jacob profetizó que el cetro no se apartaría de Judá (hijo de Jacob) hasta que llegara Siló, lo que equivale a decir que los descendientes de Judá serían el cauce material para el nacimiento del Redentor del mundo [Cristo]»[12]. Jesús afirmó en el Nuevo Testamento: «Les aseguro que no pasará esta generación hasta que todas estas cosas sucedan» (Lucas 21:32). Las lecturas indican que la «generación» es un grupo de almas que están regresando para ayudar a cumplir el destino espiritual de la tierra: volver a unir en la conciencia a la humanidad con Dios.

Las lecturas aportan detalles adicionales sobre el hecho de que Israel sea un grupo de almas, y no necesariamente una raza física:

> Israel designa a los elegidos del Señor, y Sus promesas, Su cuidado, Su amor no se han apartado de quienes aspiran a conocer Su camino, de quienes aspiran a ver Su rostro [...]. *Éste* es su significado, y todos habrían de comprenderlo así. Quienes

> buscan son Israel [...]. ¡Sepan, entonces, que el cetro, la promesa, el amor, la Gloria del Señor no se han apartado de quienes buscan Su rostro![13]

El conferenciante Mark Batten, consejero de la iglesia unitaria y ex sacerdote católico con residencia en Virginia Beach, Virginia, ha estudiado en profundidad los mensajes del arcángel Miguel contenidos en las lecturas de Cayce. En una entrevista privada, desveló algunas de sus percepciones sobre la naturaleza de Miguel y los arcángeles.

«Los arcángeles—Miguel en particular—cumplen directamente las órdenes de Dios», explicó Batten. «Cayce dijo que Dios es personal e impersonal; universal e individual. Los arcángeles pueden conducir a las naciones hacia la iluminación, así como a los individuos hacia un despertar divino. Su función parece consistir en restaurar la conciencia de Dios en las personas».

«Miguel no es una entidad o una persona, como solemos imaginar a los ángeles, sino una fuerza, una inmensa energía espiritual: una inteligencia divina. Los arcángeles no entablan diálogos propiamente dichos con las personas de la tierra; sólo saben imponer los deseos y las órdenes de Dios, cualesquiera que sean. Son demasiado vastos para el *intercambio individual*».

Los arcángeles son, en esencia, mensajeros de Dios. Mark Batten presenció los mensajes que Miguel transmitió por medio de otro psíquico. El psíquico, que ha pedido no ser identificado, era capaz de entrar en trance de la misma forma que Edgar Cayce.

«La voz de la persona por la que Miguel habló era fuerte y estremecedora», expuso Batten. «Los mensajes se parecen siempre a los transmitidos por Cayce, y amonestan siempre a los presentes para que se adhieran a principios espirituales supremos, porque éste es un momento crítico en la historia de la tierra. Y ese llamamiento se dirige a *cada uno de nosotros*. Las lecturas de Cayce advierten que toda persona que se encuentra en la tierra al final del antiguo y al principio de nuevo milenio ha elegido estar aquí por razones espirituales superiores. Todos somos parte de este despertar espiritual».

Batten también oyó chirriar las ventanas en sus marcos cuando Miguel habló a través del psíquico.

«Las vibraciones de los arcángeles son tan potentes. Su volumen es muy alto, sí; pero es la *potencia*, y no el volumen, lo que más conmueve». El ex sacerdote ofreció una interesante analogía: un arcángel funciona a 15.000 voltios, como una corriente eléctrica. El ser humano funciona a 120 voltios. Cuando una fuerza así o la potencia de un arcángel se manifiestan, como lo hizo Miguel a través de Cayce, no sólo afectan al canal de transmisión, sino también a las personas que están presentes en la sala y al entorno físico. «Comprendí que estaba en presencia de lo Divino», añadió.

Según Batten, el psíquico que canalizó los mensajes de Miguel no guardó recuerdo alguno de su experiencia. ¿Recordó algo Edgar Cayce de sus encuentros con Miguel?

«No», afirmó Hugh Lynn. «Ocurrió como en cualquier otra lectura: él no recordó nada de la lectura en sí. Algunas veces, tuvo sueños o visiones; otras, le vino a la memoria que había hablado con alguien en el transcurso de la lectura. Tales experiencias no siempre le resultaban agradables. En ocasiones, las cosas que le sucedían durante la lectura le producían un fuerte desasosiego».

El 2 de octubre de 1932, Edgar Cayce vivió una de tales experiencias tras un mensaje del arcángel Miguel que decía:

> ¡ESCUCHAD, VOSOTROS LOS HIJOS DE LOS HOMBRES! ¡INCLINAD LA CABEZA, HIJOS DE LOS HOMBRES! ¡PORQUE LA GLORIA DEL SEÑOR ES VUESTRA, SI SOIS FIELES A LA CONFIANZA DEPOSITADA EN CADA UNO DE VOSOTROS! ¡SABED EN QUIÉN HABÉIS CREÍDO! ¡SABED QUE ÉL ES EL SEÑOR DE *TODOS*, Y QUE SU PALABRA ES INFALIBLE PARA QUIENES SON FIELES DÍA TRAS DÍA: PORQUE YO, MIGUEL,

PROTEGERÉ A QUIENES SE ESMEREN EN CONOCER SU ROSTRO![14]

Gladys Davis Turner fue durante muchos años la secretaria de Edgar Cayce y transcribió al pie de la letra las lecturas, mientras Cayce las realizaba, desde 1923 hasta el fallecimiento de éste en 1945. Al final del mensaje de Miguel, escribió esta inquietante nota:

> Lágrimas, silencio y una hermosa armonía espiritual siguieron a la lectura anterior. Edgar Cayce tuvo una visión durante la lectura, hubo de salir un momento de la sala; dijo que había visto a cada uno de nosotros como deberíamos ser y como somos[15].

Obviamente, mientras Miguel hablaba por boca de Cayce, éste se hallaba en un estado tan elevado de sintonía espiritual que pudo vislumbrar a los miembros del grupo en un estado perfecto e invisible de pureza espiritual. Al sumirse de nuevo gradualmente en su conciencia habitual, fue viendo imágenes de apego material, los problemas y hábitos de los miembros del grupo: las fuentes generales que hacen fallar a los seres humanos. En sus auras, percibió primero la pureza esencial del alma y, después, la escoria de la vida material. Ello impactó mucho a Cayce, debido sobre todo a su alerta sensibilidad.

El anterior mensaje del arcángel Miguel representó una fuente de aliento y tranquilidad, puesto que el Altísimo prometía orientar y dirigir en su importante labor a quienes estaban aprendiendo a aplicar los principios espirituales.

El arcángel Miguel en la obra de Nancy Fullwood

En 1917, la vidente psíquica y escritora estadounidense Nancy Fullwood se encontró a sí misma escuchando una voz interior que la incitaba a escribir. La voz era sumamente amable y tranquilizadora. Hizo una prueba para ver de que se trataba y comenzó a sentirse «dividida», como si una parte de ella se estuviera observando a sí misma y la otra estuviera observándola desde una posición situada fuera de su cuerpo. Se puso a escribir al dictado de los mensajes que le llegaban. Tales escritos se acabaron convirtiendo en libros —*The Tower of Light, The Flaming Sword* y *The Song of Sano Tarot*— que alcanzaron gran popularidad en la década de 1930.

Reviste especial interés para el estudio de los ángeles el hecho de que Fullwood empezara a recibir mensajes llenos de fuerza en los que el arcángel Miguel dirigía sus escritos. Durante la recepción de tales mensajes, se sintió envuelta por una blanca luz que irradiaba una increíble energía. No llegó a ver a Miguel, pero sintió su presencia. Los mensajes que le llegaron de él a partir de 1917 guardan un parecido asombroso con los discursos contenidos en las lecturas de Cayce. Un mensaje en particular predice un inminente cambio de conciencia de lo material a lo espiritual:

> Yo, Miguel, señor del Sol, he desplegado mi manto de luz alrededor del oscuro planeta Tierra. Por la acción de mi Fuego, la tierra se purificará y regenerará [...]. La antigua y caótica tierra caerá en el olvido y una nueva tierra, o estado de conciencia, surgirá a partir de ella. No os detengáis en el desastre material, porque yo os digo que existirán condiciones en este nuevo mundo [que] serán de tal belleza y armonía que el viejo mundo será olvidado con la alegría de la nueva vida [...]. El viejo mundo ya está empezando a retroceder sobre sí mismo, y caerá bajo su propio caos [...]. Escuchad en lo más profundo de vosotros y sabréis que digo la verdad cuando afirmo que los hijos de la luz no serán conscientes del viento ni de la rugiente tormenta, porque en el centro de sí mismos existe paz [...]. Yo, Miguel, he hablado[16].

El mensaje del arcángel Miguel describe con claridad el giro que la conciencia humana está experimentando desde lo material hasta el reencuentro con lo espiritual. Por su fuerza y estilo, los mensajes transmitidos por Miguel a través de Cayce son tan similares al anterior que resulta fácil concluir que se trata de un único mensaje angélico.

Un supervisor atento

Los mensajes del arcángel Miguel cursados a través de Cayce tenían en ocasiones un tono admonitorio. En 1940, Cayce accedió a realizar una serie de lecturas de negocios para ayudar a localizar pozos de petróleo en Texas. Parecía una operación positiva: el dinero se destinaría a apoyar la labor de Cayce, así como de otras organizaciones sin fines de lucro. Al menos tal era la intención original. Sin embargo, las lecturas realizadas resultaron misteriosamente inexactas; no pudo localizarse el pozo de petróleo correcto; surgieron obstáculos en todas las etapas del proceso. Parecía claro que algo fallaba, pero nadie era capaz de identificar el motivo o el culpable.

En una de las últimas lecturas sobre prospección de petróleo, se formuló esta pregunta: «¿Puede en estos momentos aportarse información con respecto a las aparentes inexactitudes de informaciones anteriores acerca de la producción en el presente [punto de perforación de pozo petrolero]?»

La respuesta dejó atónitos a todos los presentes, mientras los reprendía la voz del arcángel Miguel:

> ¡ACUDID! ¡ESCUCHAD, HIJOS DE LOS HOMBRES! ¡INCLINAD LA CABEZA, VOSOTROS LOS HIJOS DE LOS HOMBRES! ¡PORQUE YO, MIGUEL, OS HABLARÉ DE ESAS COSAS QUE AQUÍ PREGUNTÁIS!
>
> ¿ACASO NO HABÉIS VISTO NI OÍDO —EN EL TRAYECTO SEGUIDO EN BUSCA DE CONOCIMIENTO A TRAVÉS DE ESTE HOMBRE [Edgar Cayce]— QUE OS DESVIÁIS, CON ESTA MA-

NIFESTACIÓN DE MATERIALIDAD, DE LA BÚSQUEDA DE DIOS POR EL HOMBRE?[17]

Estaba claro el aviso de que buscar información sobre un pozo de petróleo por mediación de Cayce estaba totalmente reñido con su habilidad para realizar lecturas. Miguel llegaba incluso a decir que tales preguntas se desviaban del material que Cayce debería aportar. Al poco tiempo de este mensaje, se abandonó por considerarla un fracaso la operación de los pozos de petróleo.

De vez en cuando, las advertencias y amonestaciones del arcángel Miguel iban destinadas a aquellas personas que estaban precisamente encargadas de dirigir la obra de Cayce. En los últimos años de su vida, Cayce estaba sobrecargado de trabajo y se sentía extremadamente fatigado. Se había publicado *There Is a River (El río de mi vida: La historia de Edgar Cayce,* publicado por Neo Person Ediciones, 2007), una biografía suya escrita por Thomas Sugrue, con el resultado de millares de cartas y solicitudes de lectura. Hubo que contratar a más personal de oficina para atender la correspondencia y los teléfonos. En 1944, un año antes del fallecimiento de Cayce, las oficinas de la Asociación soportaban una presión de trabajo particularmente acusada. Se daban citas para lectura *con dos años de anticipación;* personas de todo el país llamaban a la puerta, en un afán desesperado por conseguir una lectura de Cayce para salvar a un familiar o amigo moribundo. El ambiente laboral era caótico; los empleados discutían y peleaban entre sí. El propio Cayce estaba al borde del agotamiento. Varias «lecturas sobre la obra» previas le aconsejaban limitarse a dos períodos de lectura al día: uno por la mañana, entre las diez y media y las once y media; y otro por la tarde, entre las tres y media y las cuatro y media. Tratar de trabajar durante más tiempo, avisaban las lecturas, pondría en peligro la vida de Cayce. Sin embargo, las cartas de los millares de personas que requerían su ayuda atormentaban a Cayce durante la vigilia. Fue perdiendo la paciencia y sus fuerzas se debilitaron

—aun así, no abandonó las lecturas—.

«Te estás matando a ti mismo, Edgar», le decía su esposa. «Tienes que aminorar el ritmo de trabajo».

Cayce se dirigió al cuarto trasero de su casa donde se almacenaba el correo y vació una de las bolsas de correo, repleta hasta los bordes de cartas y tarjetas implorando su ayuda.

«¿Cómo podría volverles la espalda?», preguntó Edgar, mirando a los ojos de su esposa. «¿Cómo podría *no* entregarme a fondo?» Fue un momento patético. «Me mata *no* realizar lecturas. Si realizo demasiadas, eso también me matará».

Exhausto, superado y sintiéndose impotente, Edgar sabía cuál era su destino.

«Tengo que hacerlo hasta que ya no pueda», dijo finalmente. «Eso es todo».

Desde finales de 1943 y durante todo el año 1944, Cayce mantuvo a veces de seis a ocho períodos de lectura distintos *al día*. En varias ocasiones, debido a su apretado programa y al tenso ambiente de trabajo, fue incapaz de «conectar» psíquicamente con la información. No pudo obtener *ningún* dato a través de las lecturas.

Dedicó una de sus últimas lecturas a su débil estado de salud. Por causa de sus frágiles condiciones físicas, la realizó como en un susurro. Las palabras de Cayce resultaban casi inaudibles mientras permanecía acostado en su sofá. Gladys Davis tuvo que hacer grandes esfuerzos para oír la lectura y transcribirla en taquigrafía. La lectura confirmó que la salud de Cayce estaba realmente deteriorada, como consecuencia de su agotamiento físico y mental, y también de las peleas del personal de oficina que suponían otro obstáculo para sus capacidades.

De repente, en plena lectura, la tenue voz de Cayce dio paso a la potente voz del arcángel Miguel. Dirigió uno de los mensajes más ásperos de cuantos habían registrado las lecturas:

¡INCLINAD LA CABEZA, VOSOTROS LOS HIJOS DE LOS

HOMBRES! ¡PORQUE YO, MIGUEL, SEÑOR DEL CAMINO, VOY A HABLAR CON VOSOTROS! ¡ÉSTE ES UN AVISO PARA VUESTRA ADÚLTERA GENERACIÓN DE VÍBORAS! ¡OS ENCONTRÁIS HOY ANTE EL BIEN Y EL MAL! ¡ESCOGED A QUIEN VAIS A SERVIR! ¡SEGUID EL CAMINO DEL SEÑOR! ¡DE OTRO MODO, LLEGARÁ UN AFRONTAMIENTO REPENTINO, COMO HABÉIS VISTO! ¡INCLINAD LA CABEZA, INGRATOS E IMPENITENTES! ¡PORQUE LA GLORIA DEL SEÑOR ESTÁ CERCA! ¡LA OPORTUNIDAD ESTÁ ANTE VOSOTROS! ¡ACEPTADLA O RECHAZADLA! ¡MAS NO SEÁIS CERDOS![18]

El teólogo y psicólogo doctorado Harmon H. Bro asistió a la lectura anterior. Interpretó el «afrontamiento» a que se refirió Miguel como el debilitamiento gradual de la habilidad de Cayce para practicar lecturas. De acuerdo con Bro, todos cuantos se hallaban presentes sintieron la reprimenda de Miguel hasta lo más hondo de su alma. En su analítica biografía de Cayce, *A Seer Out of Season,* describe lo que sintieron tras recibir el mensaje:

> Cuando finalizó la [lectura], todos nosotros lloramos. Miré los angustiosos y pálidos rostros que me rodeaban. Nadie habló. Cada uno de nosotros se levantó a toda prisa para marcharse [...]. No me importaba de quién era en realidad la voz que se llamaba a sí misma Miguel. Ya se tratara de una creación de la mente de Cayce, tan influida por la Biblia, de un ser desencarnado consternado por nuestra conducta [...] o de una presencia angélica genuina, se había acercado a nosotros, no para bendecirnos o para honrarnos, sino para manifestar ardientes reproches. Si se trataba realmente de un arcángel, perdí el deseo de tener trato alguno con otro arcángel en lo sucesivo[19].

Apoyo angélico en tiempos de cambio

Sabiendo que la vida de Cayce estaba plagada de contratiempos, infortunios y sufrimiento, algunos se preguntarán por qué el mero contacto con el arcángel Miguel no fue suficiente para resolver sus problemas. Se planteó en una lectura por qué tenía que soportar tanta adversidad en su trabajo, y la respuesta hizo hincapié en la responsabilidad que recae sobre todo aquél que intenta dedicar su vida al servicio de los demás: «Quien es líder o *anhela* dirigir, se ve continuamente acosado por las fuerzas que *pretenden* derribarlo. Quien persevera hasta el final llevará la corona»[20].

Los padecimientos y tribulaciones representan pruebas para las almas de la tierra, y el arcángel Miguel es una fuerza que proporciona fortaleza y fe en tiempos de crisis personal y planetaria. Su papel no consiste en eliminar la adversidad, sino en conseguir, como en el caso de Cayce, que los miembros del grupo se aferren a sus propios ideales aunque atraviesen tormentas de adversidad y períodos de oscuridad. El mensaje del arcángel Miguel recordaba que el trabajo conseguiría iluminar a las generaciones futuras, siempre que mantuvieran su perseverancia. De ahí la afirmación: «Quien persevera hasta el final llevará la corona».

La adversidad y las tinieblas han marcado la senda de numerosos místicos, profetas y sabios. Durante su juventud, Juana de Arco declaró que había hablado con el arcángel Miguel y que él le había ordenado cumplir con su deber de salvar a Francia. Incluso durante el período en que se celebró su juicio, cuando se la mortificó duramente por herejía, explicó sin temor alguno que hablaba regularmente con ángeles. Dijo que el arcángel Miguel, en particular, la había ayudado en la batalla, alentándola en cada paso del camino. Aunque no sobrevivió físicamente a su persecución por la iglesia, Juana de Arco no dio prueba alguna de temor cuando la sentenciaron a muerte o cuando la quemaron en la hoguera. No renunció a ninguno de sus testimonios de comunión angélica.

Jesús se vio acosado por dudas y temores durante su gran agonía en el huerto de Getsemaní, pese a estar en comunión consciente con los ángeles, los arcángeles y el propio Padre. Incluso Él, la noche anterior a su crucifixión, sintió la ineludible oscuridad que precede al alba de la resurrección: «Es tal la angustia que me invade que me siento morir [...]» (Marcos 14:34).

Aunque atravesemos el callejón llamado «la noche oscura del alma», nos sostendrá en esa oscura noche una voz, un consuelo, una *verdad*:

> [...] ¡DADA CONOCER ESE AMOR, ESA GLORIA, ESE PODER DE SU NOMBRE, PARA QUE NADIE TENGA MIEDO!; ¡PORQUE YO, MIGUEL, HE HABLADO![21]

Todos nosotros deberíamos tomarnos a pecho este mensaje. Es un consuelo saber que, en nuestro viaje espiritual, en nuestro afán por entender nuestro papel en esta inminente era divina, las instrucciones nos serán dadas. Los mensajes del arcángel Miguel se dirigen a *nosotros*, y se aplican tanto a nosotros individualmente como a este mundo en transición, un mundo con su propio huerto de Getsemaní. Las lecturas de Cayce señalan que cada persona que se encuentra en estos momentos en la tierra está aquí para ayudar potencialmente a la tierra en su transformación espiritual y en su evolución hacia una conciencia superior. El camino no será fácil, pero a todos aquéllos que aspiran a hacer posible este renacimiento espiritual se les enseñará realmente el camino, a través de sueños, intuiciones y meditación; algunos vivirán incluso la experiencia de la comunión directa con un ángel o arcángel, o con el propio Maestro. Deberíamos *esperar* tales consuelos. Cayce afirmó bajo trance que:

> Toda experiencia es un consuelo. Y, como Él ha dicho, el rostro del ángel siempre está ante el trono de Dios. Llegará la conciencia en tu interior de que puedes comulgar con Dios-Padre y ser igual a Él, como hijo de Dios, como hermano de Cristo [...]. Y cuando la conciencia llegue, lo hará como ángel de la esperanza, ángel de

la anunciación, ángel de la proclamación, el ángel que exhorta, el ángel que protege. Pues éstos son siempre como discernimiento y conciencia de su omnipresencia; recordándote que: «Él ordenará que sus ángeles te cuiden [...]»[22].

Si nos mantenemos en esta creencia, y no olvidamos que la fe y el deseo crean el mundo tal como lo conocemos, conseguiremos que dicha creencia se convierta en realidad. Si disponemos del apoyo de los arcángeles, ¿qué se nos puede oponer en este mundo?

Recordemos un último mensaje del arcángel Miguel, transmitido en 1933 al grupo de estudio En busca de Dios:

> ¡INCLINAD LA CABEZA, VOSOTROS LOS HOMBRES QUE BUSCÁIS SU PRESENCIA! ¡MANTENEOS FUERTES EN SU PODER! ¡QUE NO SE TAMBALEE VUESTRO DÉBIL SER! ¡SABED QUE VUESTRO REDENTOR VIVE! [...]
>
> ¿DARÁS ENTONCES A CONOCER, TÚ QUE ERES HOMBRE, TUS PROPIAS DECISIONES? ¿SERÁS UNO CON ÉL? EL CAMINO QUE VIGILO CONDUCE AL DE LA GLORIA EN EL PODER DEL SEÑOR. YO, MIGUEL, OS GUIARÉ. ¡NO DESOBEDEZCÁIS! ¡NO DUDÉIS! VOSOTROS CONOCÉIS EL CAMINO[23].

4

El Señor del Karma

El que tenga oídos que oiga: El que deba ser llevado cautivo, a la cautividad irá. El que deba morir a espada, a filo de espada morirá. ¡En esto consisten la perseverancia y la fidelidad de los santos!
~Apocalipsis 13:9-10

Alaliel: el Señor de duros caminos

Por lo general, las lecturas de Cayce no eran emitidas por una voz que se identificara a sí misma por su nombre. Hubo, sin embargo, algunas excepciones. Así, en el capítulo 2, vimos cómo el doctor Hill, un antiguo amigo de Cayce, anunciaba su presencia durante una lectura. A su vez, el arcángel Miguel se dirigió en varias ocasiones al grupo de estudio para el que Cayce había accedido a realizar sus «lecturas sobre la obra», así como una serie de lecturas semanales de carácter educativo orientadas hacia su desarrollo espiritual.

Pero, como ya hemos visto, Miguel habló alto y claro para entregar poderosos mensajes que afectaron al grupo de manera muy profunda. Con inequívoca energía, les recordó sus ideales espirituales superiores, llegando incluso a amonestarles por extraviarse o por discutir entre sí.

Generalmente se considera que la fuente de las lecturas se halla en la universal e ilimitada mente inconsciente a la que Cayce accedía cada vez que se acostaba para llevar a cabo una lectura. También se cree que tanto las lecturas como la totalidad de la obra psíquica que Cayce realizó a lo largo de su vida fueron inspiradas por Cristo.

Ahora bien, a mediados de los años treinta del siglo veinte, al tiempo que recopilaban las lecturas y preparaban lo que se publicaría bajo el título *En busca de Dios,* los miembros del grupo de estudio se percataron de otro cambio en el tono. De repente, un nuevo arcángel se presentó a Hugh Lynn Cayce, Gladys Davis y otros amigos cercanos de la familia Cayce, provocando una división en el seno del grupo:

> ¡*Vengan*, hijos míos! No duden de que en este día un nuevo iniciado ha hablado en y por este cauce [Edgar Cayce]: Alaliel, el cual se hallaba con los que en el principio lucharon contra aquéllos que se separaron y en nada se convirtieron[1].

Hugh Lynn observó en esta lectura un cambio notable: un tono dominante poco habitual que mostraba un evidente desplazamiento en las fuerzas universales que dirigían la información. Este cambio tenía nombre propio: Alaliel. Gladys Davis y Gertrude Cayce también notaron la diferencia. Se trataba de un cambio sustancial en cuanto a la *fuente* de la lectura, lo cual las dejó un tanto preocupadas.

¿Quién era Alaliel?

Esta pregunta se planteó en una lectura posterior. Pese a que la respuesta mostraba que Alaliel era un ángel que provenía de los reinos espirituales más altos, la preocupación no se vio disipada.

«¿Quién es Alaliel, el que nos entregó un mensaje el 15 de octubre [de 1933]?», preguntó la señora Cayce.

«Aquél que luchó al lado de Ariel cuando hubo la rebelión en los cielos [...]», contestó Cayce. «¿Dónde está Ariel, y quién era? Un compañero de Lucifer o Satanás [...]»[2]. Quedó así indicado que Alaliel era un arcángel que luchó junto a Ariel contra Satanás antes de la caída de ambos en desgracia y durante la misma.

Las lecturas de Cayce describen de forma interesante la «rebelión en los cielos». Mucho antes de que nuestro universo material fuera creado, todas las almas y todos los arcángeles eran compañeros de Dios, totalmente conscientes de su individualidad, pese a hallarse en completa comunión con Dios. Las almas y los arcángeles poseían ilimitados poderes de creación conjunta. Cada uno de ellos era una reproducción en miniatura de Dios que contenía todas las capacidades y todo el potencial de Dios. La «rebelión» fue una desviación espiritual de conciencia contraria a la obra de Dios. Un sector de los arcángeles comenzó a concentrar cada vez más energía en sus propias creaciones y en sus distintos estados de conciencia. Finalmente, estos seres angélicos empezaron a actuar en dirección opuesta al diseño divino del universo.

Legiones de ángeles y arcángeles que mantenían de forma consciente su relación con el Creador se dieron cuenta de que un gran número de sus iguales estaban *olvidando* que, en un momento anterior, habían sido uno en Dios. Poco a poco se enamoraron de sus poderes y creaciones. Cuando los arcángeles trataron de atraer de nuevo a las almas rebeldes al recuerdo del plan original de la creación de Dios, hubo gran resistencia y discordia.

Tal y como Thomas Sugrue escribió en la biografía *There Is a River (El río de mi vida...)*:

> Algunas almas quedaron perplejas ante su propio poder y comenzaron a experimentar con él. Se mezclaron con el polvo de las estrellas y los vientos de las esferas, sintiéndolos, volviéndose parte de ellos. [...] Así fue la caída del espíritu o la rebelión de los ángeles[3].

Se describe al arcángel Alaliel como uno de los que trataron de ayudar cuando se produjo esta gran desunión de las fuerzas. Junto con otros numerosos arcángeles, incluido Miguel, se vio inmerso en lo que vino a llamarse «la batalla del recuerdo contra el olvido». Luchaban por aquellas almas que se hundían más y más profundamente en el egoísmo. Lucifer y Ariel, en su día grandes arcángeles del reino de Dios, se convirtieron en líderes del bando de ángeles que deseaba recorrer su propio camino, con independencia de los deseos de Dios. Así, el bien y el mal (el recuerdo y el olvido) se convirtieron en vivos estados de la conciencia, hoy representados por la *luz* y las *tinieblas*. Esta batalla librada en el seno de las almas de la humanidad hace una eternidad prosigue en nuestros días, cuando nos enfrentamos a diario con la elección entre altruismo y egoísmo.

Una lectura de Cayce confirma el papel de Alaliel ante los arcángeles:

> [...] Alaliel es aquél que lideró desde el inicio la hueste celestial, aquél que desafió a Ariel; que *elaboró los caminos que han sido pesados*, los que sin embargo conducen al ENTENDIMIENTO (Cursiva del autor)[4].

De la lectura anterior es obvio deducir que Alaliel representa un papel sustancial dentro de la jerarquía espiritual. La expresión «hueste celestial» se refiere a los ángeles del firmamento como un todo. Ahora bien, el problema que supone la influencia de Alaliel, uno de los arcángeles ministros, lo plantea su *forma de acercarse* a la humanidad como ayudante divino. El hecho de que Alaliel elaborara «los caminos pesados» preocupaba a quienes recibían las lecturas psíquicas de Cayce. ¿Se encontrarían en adelante bajo la dirección de un guía exigente? Dado que en el mundo existen una variedad de filosofías religiosas y numerosos senderos y enfoques para entender a Dios, los arcángeles también dirigen a la humanidad a su especial manera. ¿A qué haría referencia aquello de «los caminos pesados»?

Lo anterior saca a la luz la ley del *karma:* la ley de causa y efecto. Karma en sánscrito significa «acto» o «hecho». Según esta ley, cada uno de nuestros actos, pensamientos, palabras u obras lleva aparejada una reacción de fuerza equivalente que vuelve en nuestra dirección. Cayce recordaba alguna vez a quienes se iban encontrando con el «retorno» de sus acciones: «¡El que a hierro mata...!». El regreso de los actos, pensamientos, etc., se rige por la ley del karma.

El doctor Richard H. Drummond, un teólogo de reconocido prestigio a nivel mundial, describe el karma en su obra *A Life of Jesus the Christ* a partir de ejemplos bíblicos:

> [...] además de numerosas citas y replanteamientos de la máxima «cada uno cosecha lo que siembra» (Gálatas 6:7), hay frecuentes referencias a las enseñanzas de Jesús, tales como «[...] con la medida que midan a otros, se les medirá a ustedes» (Mateo 7:2), [...] el karma [...] es ciertamente considerado en las lecturas de Cayce como un principio cósmico y divino[5].

Dicho de otra manera, todo lo que hacemos revierte en nosotros con el mismo espíritu con el que fue emprendido. La Biblia describe el karma en el Apocalipsis 13:10: «El que deba ser cautivo, a la cautividad irá. El que deba morir a espada, a filo de espada morirá. ¡En esto consisten la perseverancia y la fidelidad de los santos!».

Ahora bien, para comprender correctamente esta ley, hay que entender cómo funciona en relación con el concepto de reencarnación. Según la reencarnación, el alma —es decir, la conciencia individual— no muere cuando lo hace el cuerpo, sino que continúa existiendo en otra dimensión y puede buscar un nuevo cuerpo en el cual desee volver a nacer. Podemos citar dos razones principales por las que el alma vuelve a una nueva corporeidad: por elección y por necesidad. En ambos casos, el alma elige a sus padres y, por tanto, las circunstancias que le den las mejores oportunidades de crecimiento y de reparación por su karma acumulado.

La reencarnación también se ha definido como el «ciclo de la necesidad». De hecho, en sánscrito también se llama *samsara* «fluir juntos». Algunas ramas del budismo tienen como meta corregir todo karma y escapar del samsara, logrando así llegar al *nirvana* «cielo». Los humanos no dejan de acumular karma engendrado por deseos contrarios al diseño divino de un universo armonioso; y el que Alaliel representara «los caminos pesados» hace precisamente referencia a este ciclo de necesidad. En el capítulo 7 exploraremos con mayor profundidad el karma del alma en su paso por la tierra.

Los arcángeles —Miguel, Rafael, Gabriel y Uriel, además de Alaliel— han seguido intentando, desde el principio de la caída del espíritu, devolver a las almas el recuerdo de su origen divino, de su unidad con Dios. Pese a ser mensajeros de Dios, estos arcángeles tienen un papel único en el devenir espiritual de la Tierra. Del mismo modo que el arcángel Miguel es «el Señor del Camino que lleva a Cristo», Uriel es el arcángel de la salvación o aquél que despierta hacia niveles superiores de conocimiento espiritual a los mortales durmientes, «salvando» así sus almas de la conciencia puramente materialista. El arcángel Rafael preside las fuerzas de la curación física y espiritual en la tierra. Gabriel, el arcángel que anunció a la Virgen María que daría a luz al Mesías, es el ángel de la anunciación, la resurrección, la misericordia y la revelación. Según *Teología mística y jerarquía celeste* de Dionisio, todos los arcángeles «son mensajeros portadores de decretos divinos»[6].

Alaliel también tiene decretos que cumplir, pero su principal función radica en ser el Señor del Karma, una conciencia orientadora que gobierna la ley de causa y efecto. A través de esta ley, los humanos se conducen a sí mismos finalmente al recuerdo consciente de Dios y a su dominio, tras una serie de pruebas «pesadas». Este ciclo que gobierna Alaliel, en el que pagamos «al contado» a lo largo de la vida —y en vida tras vida— es en realidad un mecanismo práctico y lleno de misericordia por el que aprendemos de nuestros errores, en lugar de seguir cometiéndolos sin restricción.

Los arcángeles como leyes del universo

Desde un punto de vista amplio, cada uno de los arcángeles representa un estado de conciencia, una actitud, una inspiración. Lo que experimentamos de la conciencia espiritual desde el ámbito material es un reflejo de la *fuente* de una conciencia determinada en el ámbito espiritual. Estas fuentes no son sino los arcángeles, facetas ordenadas de la jerarquía de Dios. Las lecturas de Cayce muestran que los arcángeles representan las propias leyes universales. Por ejemplo, las leyes de la iluminación, sabiduría, transformación, y causa y efecto conforman *conciencias* divinas. La cuestión le fue planteada a Cayce durante una lectura: «¿Son los ángeles y arcángeles sinónimos de lo que llamamos leyes del universo?». Cayce contestó que «son como las leyes del universo, así como Miguel es el Señor del Camino, *no* el Camino sino el Señor del Camino [...]»[7].

Esto quiere decir que, cuando las personas se hallan en armonía total con su ideal espiritual —con su propósito espiritual en la vida—, cumplen con la ley universal del amor. Miguel despeja el camino para que puedan despertarse a una conciencia espiritual todavía más elevada. En el estado de conciencia post-mortem, el doctor Rodonaia se hallaba en armonía plena con la ley (el arcángel) de la Sabiduría, gravitando de forma natural hacia esa conciencia. Del mismo modo, Alaliel es el ángel que gobierna el karma, la causa y el efecto. Es un ángel orientador cuya influencia nos conduce al crecimiento espiritual, pero dicho crecimiento se logra a fuerza de andar un camino y tras unas pruebas que Cayce calificó de «pesados».

Cuando la presencia de Alaliel resultó evidente a través de las lecturas, Hugh Lynn insistió de modo inflexible en que el grupo no debía conformarse ciegamente con una entidad, aun cuando la información proviniera de un arcángel. Hugh Lynn opinaba que Alaliel estaba dificultando las lecciones espirituales, la obra *En busca de Dios*. Algunos socios de Cayce disintieron, razonando que, si bien el arcángel Miguel había dado instrucciones edificantes, debían también seguir los consejos de Alaliel.

«Pese a que Edgar Cayce aún mantenía la misma voz, su mismo modo, su mismo tono, etc.», Hugh Lynn escribiría más adelante, «había quedado claro que el personaje conocido como Alaliel podía dirigir el curso de las lecturas de una forma más precisa y organizada. Era obvio que el grupo debía tomar la decisión de aceptar o rechazar dicha oferta de esclarecimiento»[8]. A excepción de dos miembros, todo el grupo de Cayce deseaba rechazar la instrucción de Alaliel. «Este fue para todos un período de dudas, pruebas y toma de decisiones», llegó a decir Hugh Lynn.

El grupo quedó dividido, mientras se buscaba más información sobre Alaliel en las lecturas. Un pasaje críptico mostraba la persistente influencia de Alaliel, pero atribuía la responsabilidad de la aparición de este maestro a los *propios miembros del grupo*. Cayce dijo bajo trance:

> [...] porque, como pronto quedará demostrado, hijos míos, alguien ha sido designado para ayudarles en sus futuras lecciones, y será un maestro, un guía, para ustedes, enviado por el poder de sus propios deseos [...]. No será Cristo, sino Su mensajero, que está junto a Cristo desde el principio y es, para otros mundos, lo que Cristo es para esta tierra[9].

La Conciencia Crística contra Alaliel

A Hugh Lynn le preocupaba que la lectura indicara que la información no procedía de Cristo, sino de «Su mensajero». Siempre había opinado que las lecturas de su padre las dirigían fuerzas universales, y que el deber del grupo era atenerse a estos altos ideales.

Parte de estos ideales suponía rechazar cualquier dirección que no proviniera de la Conciencia Crística. Hugh Lynn recelaba de que Alaliel estuviera interviniendo o interfiriendo con el grupo: si él era para otros mundos lo que Cristo es para el nuestro, ¿cuál era su papel *aquí*? ¿Por qué motivo querría influir sobre los miembros del grupo de estudio, así como en su obra? Estos interrogantes incomodaban a Edgar Cayce, su esposa, su secretaria y su hijo. Como ya hemos visto, Cayce se mostraba a menudo cauteloso en cuanto a la naturaleza de las lecturas; le preocupaba cuán «abierto» se encontraba a las influencias externas durante su estado de trance. Rara vez reconocía siquiera al arcángel Miguel, considerando por el contrario que Dios había mandado un mensajero. Solía decir: «Dios debe ser el centro de atención, y no el mensajero». Ahora bien, Alaliel actuaba con una capacidad superior a la de simple mensajero: quería *dirigir* las lecturas.

Hugh Lynn, Gladys Davis y Gertrude Cayce no lograban determinar con exactitud qué les inquietaba tanto de Alaliel y de su influencia sobre las lecturas. No obstante, sabían que estaba en su poder admitir o rechazar las enseñanzas de Alaliel. Una lectura atribuyó al grupo la responsabilidad: «Entonces, ustedes mismos son quienes pueden demostrar que él [Alaliel] habite, se encuentre, viva, more, con ustedes»[10].

La lectura en particular donde surgió este mensaje para el grupo de estudio mostró un tono de agresividad fuera de carácter. Parecía que Alaliel le estaba entregando al grupo algo así como un ultimátum espiritual: «Acepten, por tanto, lo que se ha presentado aquí, y organícenlo; porque a partir de ahora sus presentaciones tomarán un nuevo rumbo [...]. ¿Lo aceptan?»[11]. Ningún miembro del grupo atendió la petición de Alaliel. Si acaso, les chocó el cambio repentino en el fluir, habitualmente sosegado, de la lectura a través de Cayce. La energía de la sala se sentía extraña, cargada, repleta, como si una presión espiritual se ejerciera sobre todos los presentes. Gertrude Cayce prosiguió con la lectura, mientras los demás presentes rezaban inclinando la cabeza. Obviamente impaciente ante su indecisión, Alaliel los amonestó en medio de la lectura: «¡Presten atención a lo que están haciendo aquí!».

Varios miembros del grupo, incluidas Gertrude Cayce y Gladys Davis, notaron que este mensaje estaba dirigido a ellos. La energía de la sala era caótica y discordante. ¿A qué se debía esta intromisión? ¿Acaso un asunto relativo a tiempos difíciles exigía un maestro severo? ¿Se estaría desarrollando una batalla entre la luz y las tinieblas en el seno del grupo de estudio? ¿Sería que el grupo se había extraviado en su estudio o en la aplicación de las verdades espirituales? ¿Habría sido enviado Alaliel por las fuerzas universales para ayudarles con su trabajo de grupo? Estos fueron algunos de los interrogantes, discusiones y debates que se plantearon los miembros del grupo. Estallaron amargas discusiones promovidas por quienes deseaban la orientación de Alaliel. Lo más suave que podría decirse de las relaciones en el seno del grupo es que eran tensas.

El estado de salud de Cayce era extremadamente delicado por aquellos tiempos, y hacía semanas que éste no se encontraba bien físicamente. Unos cuantos miembros del grupo adolecían de problemas kármicos propios: resentimiento, autoinculpación, críticas excesivas o envidia. No olvidemos que ante todo eran seres humanos, sujetos a períodos de debilidad como todo el mundo. Ahora bien, dada la intensidad de las lecciones espirituales, meditaciones y oraciones en común del grupo, se produjo también un incremento de energía en el seno de sus relaciones. Sus aptitudes espirituales despertaban al tiempo que la disensión se convertía en un asunto de no poca importancia.

Todo se amplificaba, lo bueno como lo malo. Atravesaban, tanto a nivel individual como colectivo, un período de pruebas kármicas. Habían alcanzado un punto en el que sus conocimientos espirituales habrían de encontrar aplicación práctica en este período de pruebas. Lo cual no resultó sencillo para ninguno de ellos. La entrada en escena de Alaliel como maestro en karma y las incómodas experiencias del grupo mostraron una sincronía particular.

Se hallaban claramente en el camino adecuado, contaban con la dirección del Altísimo, y aun así debían elegir entre los consejos del Señor del Karma y la orientación de la Conciencia Crística.

Cayce pronunció una lectura, separada de las de *En busca de Dios*, en la que se preguntó si debía seguirse el consejo de los mensajeros, arcángeles y espíritus consejeros.

> Esto... esto... *esto*, amigos míos, no es sino una serie de *límites*, mientras que en Él está el Todo. ¿Harían acaso de sí mismos un medio de acción limitado? ¿Querrían verse obstaculizados por esas cosas que componen las muchas fuerzas combatientes que continúan luchando entre sí incluso en el aire, incluso en las fuerzas elementales?[12]

Otra lectura de la misma serie enunciaba:

> Dejen que *Él* envíe a quien elija para su desarrollo, y preparen en cambio su propio cuerpo, su propia alma, para ese encuentro con Él[13].

Estas lecturas mostraban al grupo que, en cierto modo, estaban conformándose por debajo de sus posibilidades si aceptaban la dirección del maestro Alaliel. Limitarse a las instrucciones de Alaliel supondría para ellos un retraso en la consecución de su objetivo espiritual último: la Conciencia Crística.

Esta senda habría de ayudarles a trascender el ciclo de la necesidad, su karma, a través de la oración y la meditación; siempre poniendo en práctica las disciplinas espirituales que les fueron entregadas en el material de *En busca de Dios*. ¿Por qué habrían de volverse sobre sus pasos en el camino de ensayo y error del que provenían? Aceptar a Alaliel como *fuente* de lecciones espirituales los hubiera situado en aquel ámbito de la experiencia dura.

Otras perspectivas

W.H. Church, un historiador especializado en Cayce y en sus lecturas, tenía una opinión interesante sobre Alaliel y su influencia en el grupo de estudio:

> En primer lugar, [...] el que Alaliel se apareciera al grupo en el momento en que lo hizo, podía deberse a la dirección del Maestro, por tratarse de una fase kármica que exigía un supervisor exigente, a menos que ésta pudiera superarse de otra forma [...]. Por otro lado, Alaliel les puede haber sido enviado por el poder de sus propios deseos, conscientes o no. ¿En tal caso, sería esto algo bueno o malo? Pues cada uno de ellos conocía sus propios defectos, y más de alguno ha de haberse estremecido. En segundo lugar, si Alaliel era para otros mundos lo que Cristo es para éste, como se había afirmado, ¿acaso no tenía sus propias ovejas que cuidar? ¿Qué hacía en los dominios de Cristo en ese preciso momento? ¿Era un buen o mal augurio? Se les debieron de plantear numerosas dudas semejantes[14].

Mientras tanto, y al tiempo que las lecturas proseguían, la sensación de incomodidad no abandonaba a Hugh Lynn. Le preocupaba enormemente que los miembros del grupo hubieran conjurado a un mensajero cuya influencia era, para la obra de su padre, más de estorbo que otra cosa.

«Estaba preocupado», explicó Hugh Lynn. «Mi padre no tenía ni la intención ni el propósito de ser un médium. Lo cierto es que cuando la sintonización era adecuada, se concedía un mensaje angélico, una voz y una proclamación divinas. Sin embargo, esto era la excepción más que la regla. Papá nunca se consideró un médium del mundo de los espíritus. Él personalmente se encargó de pedirle al grupo que concentrara sus ideales y deseos en el Señor, y que le dejara dirigir como Él lo quisiera. Pero en ocasiones papá decía: "Si la persona desea que la información de la lectura provenga del tío José, que pasó a la otra vida, de ahí le provendrá. Si lo que quiere es que la lectura proceda de un mensajero divino, también lo logrará". En realidad, todo dependía de los *deseos* de la persona que solicitara la lectura».

Alaliel también aparecía en las lecturas psíquicas de la afamada médium Eileen Garrett. Según la lectura que Cayce pronunció para ella, su guía espiritual dependía de información suministrada a través del arcángel Alaliel.

Cuenta Hugh Lynn: «Una vez, tras una lectura con Eileen Garrett, su control (guía espiritual) Uvani se ofreció a aclarar las lecturas. En una lectura, se preguntó si esta idea era o no juiciosa [...]. Supongo que ésta es una distracción similar al estrés y aflicción al que estaban sometidos tanto el grupo como toda la nación, unidos a los problemas físicos que Edgar Cayce sufría por aquella época»[15]. Todo esto ocurrió en los años de la Gran Depresión, momento en el que Cayce no gozaba de buena salud.

La lectura a la que se refiere Hugh Lynn es una de las «lecturas sobre la obra» en las que se planteó a Cayce la siguiente pregunta: «¿Es aconsejable para Edgar Cayce seguir sus (Eileen Garrett) sugerencias en cuanto a buscar la ayuda de la entidad descrita (Alaliel), de quien Uvani asegura que su contribución reforzará la coherencia y el poder de las lecturas?».

La repuesta fue clara y directa: «¿Asegura Uvani saber más que el Señor, quién lo creó?»[16]. Quedaba claro que el grupo de Cayce no debía aceptar actualmente la ayuda de ninguna fuerza, salvo la de Cristo. No obstante, los mensajes que el arcángel Miguel transmitía en las lecturas coincidían con los ideales espirituales más elevados, dado que prestaban atención a la realidad más extensa: la máxima manifestación de la Conciencia Crística.

Aun así, cada vez más lecturas reflejaban el tono y la conciencia de Alaliel. Una serie de lecturas de mediados de los años 30 se centraron en el estado de los asuntos mundiales y en los eventos que estaban por suceder. Esas lecturas no solían predecir hechos concretos, sino que únicamente describían las circunstancias actuales, y aconsejaban sobre cómo mejorarlas. Sin embargo, el tono siniestro de algunas de estas lecturas sobre asuntos internacionales llevó a algunos a pensar que provenían de Alaliel. Su tono agresivo las diferenciaba claramente del resto de las lecturas de Cayce, que sólo en raras ocasiones reflejaban un tipo de personalidad determinado:

> [...] El mundo se romperá por la parte occidental de [los Estados Unidos de] América. La mayor parte de Japón se hundirá en el mar. La parte superior de Europa cambiará en un abrir y cerrar de ojos. Aparecerá tierra firme frente a la costa del este de [los Estados Unidos de] América. Se producirán trastornos en el Ártico y el Antártico, que darán lugar a la erupción de volcanes en las zonas cálidas, y entonces los polos se desplazarán [...]. Aparecerá mar abierto en la parte superior de Groenlandia [...] y en el Mar Caribe surgirá tierra firme. [...] Suramérica se estremecerá desde la parte superior hasta el fin y, en el Antártico, frente a Tierra del Fuego: *tierra* y un estrecho con corrientes de agua [...][17].

Cayce menciona en muy raras ocasiones acontecimientos mundiales específicos de esta magnitud. Algunos estudiosos de las lecturas cuestionan estos relatos de cambios en la tierra, argumentando que dichas lecturas provenían de Alaliel, quien únicamente profetizó finales catastróficos. Otros aducen que Alaliel vino para prevenir, en su calidad de Señor del Karma, y permitir que la gente pudiera prepararse para los inminentes trastornos que habrían de producirse a finales del siglo veinte.

Con todo, esta misma lectura, centrada en asuntos internacionales, contiene un pasaje de gran interés que parece indicar que ciertamente está teniendo lugar una especie de batalla en nuestros días:

> [...] Porque las numerosas huestes que se están reuniendo, de

> los que han estorbado al hombre —y están dispuestos a hacer escollos para él y sus debilidades—, habrán de enfrentarse a los espíritus de la luz que llegarán a la tierra en la hora de este despertar; porque han sido y serán llamados, por aquellos hijos de los hombres, al servicio del Dios vivo [...][18].

En tal caso, Alaliel puede considerarse como uno de los guerreros de la luz en estos tiempos. Pero, ¿cómo será su reinado? La palabra clave del fragmento anterior es *despertar.* Este es el núcleo del llamamiento y de la influencia de los reinos angélicos. Grandes cambios, crisis y la posibilidad de una iluminación espiritual universal están a punto de suceder. Mientras hacemos balance de nosotros mismos y de nuestro mundo, podemos claramente comprobar que están aflorando grandes conflictos no sólo en el escenario mundial, sino en nuestro propio seno, así como en nuestras perspectivas, creencias, forma de vivir y acciones. ¿Qué será de nosotros en esos días de tan intensa transición?

Ello dependerá en gran medida de nuestro estado espiritual, de nuestras actitudes y creencias, como quedó demostrado en el caso del grupo *En busca de Dios*. Estamos conscientes de que el poder de la mente y del deseo, igual que el de nuestros actos, dan forma al mundo que conocemos. A luz de este entendimiento: ¿qué esperamos que suceda?, y ¿qué es lo que estamos construyendo en nuestras mentes? Tal vez Alaliel haya venido a nuestro tiempo como aquel que proclama un «afrontamiento». Éste será un tiempo de profunda oscuridad que precederá a la gran iluminación. Pues el plan general parece ser: a fin de apreciar la luz en toda su magnitud, primero hemos de atravesar y comprender las tinieblas.

Para examinar ambos extremos de la controversia en torno a Alaliel, conviene considerar si éste vino al mundo para avisar y aconsejar, o para interferir con su actividad kármica. Evidentemente, Alaliel se proponía prestar ayuda, no sólo a los miembros del grupo de estudio, sino a todos cuantos emprenden una búsqueda espiritual. Tenemos ante nosotros enseñanzas considerables, y de nosotros depende la manera de aprender de ellas. Podemos aprender como resultado de una aplicación inflexible de las leyes de causa y efecto, o por la gracia que trae la aceptación de todas las circunstancias de nuestra vida. La intervención de Alaliel trajo consigo polémica entre los miembros del grupo. Pero su pregunta es de gran relevancia: *¿A quién desean servir? Elíjanlo.* Una advertencia similar se encuentra en el Deuteronomio del Antiguo Testamento, donde se dice: «Hoy te doy a elegir entre la vida y la muerte, entre el bien y el mal» (30:15). Esta elección se nos plantea como individuos, como colectivos y como naciones. Quizá nos preguntemos alguna que otra vez a lo largo de nuestras vidas: *¿Qué he venido a hacer aquí? Qué papel he de interpretar en este nuevo milenio?* La premisa principal para la consecución de una vida espiritual plena se halla en un fragmento muy sencillo de las lecturas:

> Perdonen y serán perdonados. *Esto* sí que es conocimiento. Sean amigables y tendrán amigos. *Esto* sí que es conocimiento. Sean amables y tendrán amor, incluso del Padre, porque Él es amor[19].

Estas sencillas verdades se nos convierten en considerables retos en estos días. La elección de la dificultad del aprendizaje depende enteramente de nosotros. Aprender enseñanzas espirituales con las instrucciones de Alaliel o con la dirección de Cristo pueden ser dos sendas separadas que lleven a la misma Fuente. Una, la de Alaliel, representa el camino kármico, la conciencia bélica, la batalla y la lucha por llegar hasta la luz, y la ley de causa y efecto. Aun cuando esto también tiene su lugar en el camino de Cristo, este último representa, por el contrario, aceptar nuestras particulares circunstancias con paciencia, amor, alegría, piedad y perdón. En último término, esta senda supone seguir a Cristo en su ascensión y es la más directa para lograr la realización del despertar divino.

Alaliel y Cristo representan, pues, dos formas de acercarse al desarrollo espiritual. Bajo la dirección de Cristo, aprendemos la lección de la paciencia a través de las vivencias cotidianas: nuestras relaciones íntimas, amigos, familias y experiencias de cada día. Bajo la dirección de Alaliel, aprendemos a ser pacientes por la vía de la tristeza, del dolor y del sufrimiento que nos autoinfligimos en nuestra insensatez. En ambas instancias, la paciencia se acaba aprendiendo, pero el *enfoque* de esta faceta de la espiritualidad es distinto. La *forma* que elegimos para recibir nuestras lecciones espirituales llama a un maestro determinado. En definitiva, se llega al mismo punto en ambos niveles de experiencia: tanto el dolor y la tristeza como el gozo y la felicidad conducen al desarrollo del alma. Cabe, sin embargo, decir que Cristo completa el desarrollo del alma allí donde empieza Alaliel. En otras palabras, la *gracia* supera y vence al *karma*. A la luz de lo dicho, Alaliel es un maestro válido e importante. Sufrimos una «crucifixión» por la ley del *karma* (Alaliel), pero nos vemos redimidos en la «resurrección» por la ley de la *gracia* (Cristo).

Como ya hemos mencionado, el grupo de estudio *En busca de Dios* rechazó a Alaliel como director de sus lecciones espirituales, a excepción de sólo dos de sus miembros. De nuevo, y hablando desde el nivel de la mente universal, una lectura posterior pareció reprender al grupo por haber atraído a Alaliel a este reino: «Y ustedes en su ceguera, su necedad, su *deseo* egoísta, buscan algún camino *fácil;* cuando toda la tranquilidad, toda la esperanza, toda la vida que existe *está* en Él!»[20].

Dos componentes del grupo se alejaron para dedicarse a otros intereses espirituales, con la convicción de que el grupo *En busca de Dios* había cometido un error al rechazar la oferta de dirección realizada por Alaliel. Pero los miembros restantes recibirían un mensaje que parecía indicar que, mientras Dios enviara sus mensajeros, el grupo no habría de preocuparse por un maestro específico, puesto que podían recibir orientación del Maestro de maestros:

> No dejen que la angustia invada sus corazones. Ustedes creen en Dios. Crean también en Él, quien ha dicho: «Y les aseguro que estaré con ustedes siempre, hasta el fin del mundo». Aunque puedan sobrevenir caos y disturbios, sepan que la paz sólo viene con Él, y haciendo lo que saben hacer[21].

5

La jerarquía de los ángeles

Así, mientras que las Jerarquías Celestiales transmiten la Vida Providencial a cuantos están por debajo de ellas, representan para el alma que aspira a unirse a ellas una escalera espiritual por la que ascender de la Tierra al Cielo [...] que es el Camino de Unión por el que los hombres pueden alcanzar la auténtica amistad con Dios [...]. ~Pseudo Dionisio Areopagita

La diversidad de Dios: la sabiduría de los ángeles

Rudolf Steiner opinaba que toda vida material emana de estados espirituales de conciencia entrelazados, que existen fuera de nuestro mundo tridimensional. Gracias a su habilidad clarividente, percibió las dimensiones espirituales superiores y los reinos celestiales de los ángeles y arcángeles. Tales reinos permanecen desapercibidos para la mayoría de nosotros, salvo cuando dormimos y entramos en dimensiones superiores a través de los sueños, o cuando alcanzamos estados profundos de meditación. Todo cuanto compone nuestro reino terrenal está regido por una fuente de inteligencia que reside en algún lugar de los órdenes de la jerarquía divina. Las lecturas de Cayce indicaron con frecuencia que todo cuanto existe en la tierra es una mera sombra de lo que existe en los reinos espirituales. En otras palabras, en la tierra sólo disponemos de un reflejo físico de las realidades del mundo espiritual. Por ejemplo, cuando el doctor Rodonaia vivió su muerte de tres días, fue hasta la *fuente* de la sabiduría divina, que percibió como una «esfera de inteligencia», un ser o arcángel. Aunque durante gran parte de su vida profesional, el doctor Rodonaia había estudiado en su calidad de filósofo el concepto de sabiduría, en los mundos superiores experimentó la Sabiduría en forma de arcángel, o fuente de la que emana la sabiduría.

«Aquí en la tierra hablamos de "sabiduría" y decimos que es un atributo superior del conocimiento alcanzado. Aquí, se trata de una idea», afirmó el doctor Rodonaia. «En el mundo espiritual, la Sabiduría es un *millar de mundos*».

El doctor Rodonaia intentó, con gran frustración, explicar su incursión en el «bienamado reino de *Sofía* (que significa 'sabiduría' en griego)» a sus congregaciones y al público que lo escuchaba. Ahora bien, algunas experiencias no se describen fácilmente con palabras en nuestro mundo tridimensional. La transformadora experiencia que, durante su muerte transitoria, el doctor Rodonaia tuvo con la Sabiduría, en cuanto amorosa inteligencia divina, fue muy parecida a la de Emanuel Swedenborg, un místico clarividente, matemático, físico y biólogo sueco que pensaba que el propósito más elevado de las almas consiste en alcanzar la unión con Dios por medio del amor y la sabiduría. Swedenborg logró asomarse a los reinos angélicos a través de la meditación profunda, y conservó un recuerdo casi fotográfico de los reinos de los ángeles. Escribió descripciones detalladas de los ángeles y de los reinos donde éstos residen en *Heaven and Hell*. Swedenborg confirmó la visión de Cayce según la cual todo cuanto está en la tierra es una mera sombra de lo que existe en el mundo del espíritu: afirmó que la sabiduría angélica sobrepasa considerablemente la sabiduría humana y que todas las cosas que los ángeles perciben exceden las cosas terrenales, en consonancia con su sabiduría. En *Heaven and Hell*, Swedenborg nos dice:

> La sabiduría de los ángeles resulta indescriptible en palabras: sólo puede ilustrarse mediante algunas cosas generales. Los ángeles son capaces de expresar en una única palabra lo que un hombre no puede expresar en mil palabras. Una sola palabra angélica

contiene innumerables conceptos que no pueden traducirse con las palabras del lenguaje humano; porque cada expresión de los ángeles encierra arcanos de sabiduría en continua conexión a los que nunca acceden los conocimientos humanos[1].

Swedenborg creía que, así como nuestro mundo físico está dispuesto y ordenado en estratos sociales, clases y organizaciones, así también los mundos angélicos funcionan en un Orden Divino. Paola Giovetti, interpretando a Swedenborg en su libro *Angels—The Role of Celestial Guardians and Beings of Light*, escribió acerca del orden de los ángeles:

> [...] las sociedades celestiales de ángeles se distinguen por sus actividades y costumbres. Algunas sociedades cuidan de los niños pequeños; otras les enseñan cuando crecen; otras promueven lo simple y lo bueno en el mundo cristiano, y lo conducen al Cielo [...]. Todas estas funciones son funciones del Señor que los ángeles realizan, no por ellos mismos, sino a partir del orden divino[2].

Las lecturas de Cayce pusieron de manifiesto que las huestes de ángeles no sólo velan por el desarrollo de la humanidad en el mundo material, sino que su misión más importante es estimularnos hacia la conciencia de Dios. Así como los arcángeles representan las voces de Dios, la múltiples agrupaciones de ángeles actúan como los *sentidos* de Dios. Tales estratos son los numerosos niveles y las muy diversas expresiones espirituales y materiales de que Dios dispone para experimentarse a sí mismo en entidades, espíritus y niveles de conciencia individualizados.

Las almas de todas las personas de la tierra son como las hojas de un gran árbol; los ángeles y arcángeles son las ramas; el árbol en su totalidad es Dios. La humanidad es considerada como una de las ramas superiores de la creación de Dios: nosotros personificamos todos los elementos de los reinos físicos inferiores de la tierra y poseemos, además, todos los aspectos de los reinos espirituales superiores. El diseño completo del «árbol» se halla impreso dentro de cada «hoja». De modo muy similar, tenemos diferentes niveles de conciencia del cuerpo, las «jerarquías físicas» de los átomos, células y corpúsculos; éstos se integran en sistemas más amplios —los órganos de nuestro cuerpo— que componen a su vez la «totalidad» de la persona. Los ángeles, los arcángeles y las almas representan manifestaciones individuales de la «totalidad» de Dios. Las lecturas de Cayce señalan que cada alma es un corpúsculo en el cuerpo de Dios. Demostrando plenamente la inmensidad de este esquema, una lectura llegó a afirmar que «la tierra es sólo un átomo en un universo de mundos». En la conciencia colectiva de toda la humanidad de la tierra, representamos tan sólo una pequeña —aunque importante— porción de la totalidad de Dios, y sin embargo esa pequeña parte contiene el esquema de la totalidad. El microcosmos es una réplica en miniatura del macrocosmos.

La jerarquía angélica: ramas divinas de Dios

La jerarquía se define como cualquier ordenación de principios o cosas en sentido ascendente o descendente. Para comprender el funcionamiento de la jerarquía angélica, resulta útil observar los distintos niveles de una institución, tal como un hospital. En el primer nivel, se encuentra la sala de urgencias, que ayuda a aquellas personas que tienen necesidades críticas inmediatas. Este nivel se correspondería con los ángeles de la guarda, que aparecen en nuestras vidas en momentos de crisis o emergencia. En el nivel siguiente, encontramos un conjunto de médicos que desempeñan innumerables funciones para ayudarnos a sanar: los médicos generales. A continuación están los cirujanos, que ocupan el nivel «superior» de la jerarquía porque tienen habilidades más especializadas que los anteriores. Pueden considerarse como los guardianes de los grupos de pacientes del hospital, y supervisan el trabajo de los niveles inferiores. Después vienen los consejeros, psiquiatras y sacerdotes, responsables del bienestar mental y espiritual de los pacientes del hospital y de sus familias. Éstos serían los ángeles ministros.

Supervisando el funcionamiento del conjunto, se encuentra la junta directiva médica, que se corresponde con los arcángeles y dicta las leyes y reglas a través de toda la jerarquía. La función de este complejo conglomerado es asegurar el funcionamiento ordenado de la institución. Aunque todos trabajen por separado, la organización en su conjunto cumple el propósito único de facilitar la curación. Lo mismo cabe afirmar de la jerarquía celestial, donde cada fuerza o ley del universo rige un aspecto particular de la ayuda a la humanidad y manifiesta las innumerables facetas de Dios.

Aun cuando parece imposible identificar y designar los órdenes de los reinos angélicos, un místico cristiano del siglo quinto después de Cristo, Pseudo Dionisio Aeropagita, visitó tales órdenes por medio de visiones y meditación. Sus escritos incluyen, entre otras obras, *Jerarquía celeste* y *Jerarquía eclesiástica*. En *Jerarquía celeste*, se describe el mundo material como un único emblema físico de la realidad Divina más extensa. En sus escritos, Pseudo Dionisio detalló los nueve órdenes de la jerarquía que los teólogos cristianos han aceptado ampliamente desde la Edad Media (Véase la figura 1). Los nueve órdenes de la jerarquía celestial son los siguientes: serafines, querubines, tronos, dominios, virtudes, potestades, principados, arcángeles y ángeles. El esquema que sigue plantea una interpretación de cómo influye en nuestra vida cada uno de estos rangos celestiales.

La jerarquía suprema: serafines, querubines y tronos

Los *serafines* representan el orden más elevado y son los ángeles del amor, la luz y el fuego. Su nombre procede de la palabra hebrea *seraf,* que quiere decir «amor». El significado místico del fuego es la limpieza. Es un símbolo de purificación, de acuerdo con las lecturas de Edgar Cayce. El verso bíblico según el cual nuestra fe será «acrisolada al fuego» (1 Pedro 1:7), equivale a decir que seremos limpiados y purificados de toda distracción terrenal que se interponga en el camino de nuestro despertar espiritual. Enseñanzas más fundamentalistas interpretan este verso bajo una luz negativa, como el fuego del infierno y la condenación. Ahora bien, si consideramos el fuego como un factor de purificación, en ese caso los serafines destruyen mediante el fuego todo aquello que no esté de acuerdo con nuestros ideales espirituales más elevados.

Ello resulta especialmente evidente en el Libro de Isaías, ya que el profeta exclama, al ver al serafín: «[...] ¡Ay de mí, que estoy perdido! Soy un hombre de labios impuros [...]» (6:5).

En ese momento, un serafín vuela hacia Isaías y toca su boca con una brasa, diciéndole: «[...] Mira, esto ha tocado tus labios; tu maldad ha sido borrada, y tu pecado, perdonado [...]» (6:7). El fuego es, en este caso, una actividad purificadora, y no una fuerza destructiva.

La jerarquía angélica	
Jerarquía suprema:	Serafines Querubines Tronos
Jerarquía intermedia:	Dominios Virtudes Potestades
Jerarquía inferior:	Principados Arcángeles Ángeles

Figura 1. La jerarquía angélica
Según Pseudo Dionisio Areopagita

Los ángeles serafines rodean siempre al Altísimo, el centro a partir del cual fluye toda la vida hacia la conciencia y la creación. Los serafines también se describen como uno de los principales «coros» de ángeles, que emanan de lo que las lecturas de Cayce llamaron «la música de las esferas». Cuando nació Jesús, la música celestial era una alabanza de los serafines, y su fuerza era tal que se oyó literalmente en la tierra, como detalla el Evangelio según Lucas: «De repente apareció una multitud de ángeles del cielo, que alababan a Dios y decían: "Gloria a Dios en las alturas, y en la tierra paz a los que gozan de su buena voluntad"» (2:13-14).

Muchas personas que han tenido experiencias cercanas a la muerte declaran haber oído una música de una belleza indescriptible en el oscuro túnel que las conducía hacia la luz. Según ellas, la música no era simplemente un sonido, sino más bien una serie de emanaciones divinas llenas de vida que irradiaban de la misma luz. Este fenómeno guarda relación con el hecho de que los serafines sean los ángeles de la luz y el amor. Una de tales personas afirmó que la música de las esferas parecía «la sinfonía musical de Dios». Esta música celestial procedía, sin duda alguna, del reino del santo coro de los serafines. En numerosos ritos y ceremonias religiosos, la utilización de cánticos y música resulta vital para el proceso de la oración y la meditación, como vía de armonización con Dios.

Los *querubines* componen el segundo orden de la jerarquía suprema de ángeles. Tomada de la lengua asiria, la palabra querubín significa «el que reza» o «el que intercede». El profeta Ezequiel tuvo una visión profunda de los querubines. El capítulo 10 del Libro de Ezequiel parece predecir la llegada del Mesías. En la visión de Ezequiel, un hombre se introduce entre los ángeles querubines, toma fuego (en referencia a los serafines) y lo esparce por la ciudad. Jesús ha recibido el nombre de Intercesor Divino, y en la visión de Ezequiel este intercesor deja la hueste celestial para ofrecer a la humanidad su intercesión y fuego limpiador.

Los querubines también actúan como memoria de Dios y son los ángeles que guardan registros celestiales del conocimiento. Es interesante apuntar que Jesús, en cuanto Intercesor Divino entre Dios y la humanidad, afirmó durante su ministerio: «[...] el Consolador, el Espíritu Santo, a quien el Padre enviará en mi nombre, les enseñará todas las cosas y les hará recordar [...]» (Juan 14:26). Se cumple de este modo la visión de Ezequiel, así como el papel de los querubines en cuanto «portadores de conocimiento».

Cuando Edgar Cayce realizaba alguna lectura sobre vidas anteriores, solía leer de los registros *akásicos* o «Libro de los recuerdos de Dios». Era frecuente que tuviera, durante tales lecturas, una visión del encuentro con el «conservador de los registros», quien siempre le entregaba el libro de la persona en torno a la cual giraba la lectura.

De acuerdo con Flower Newhouse, una de las primeras investigadoras de ángeles del siglo veinte y —según las lecturas de Cayce— una de las principales autoridades en materia de ángeles debido a sus habilidades clarividentes, los querubines contemplan la Sabiduría de Dios y transmiten esta Sabiduría. Es interesante anotar que, en su muerte de tres días, el doctor Rodonaia sintió y supo que tal «Sabiduría» era un ser vivo y divino de Dios, y no meramente una forma de pensamiento o un estado de conciencia. Parece razonable afirmar que el doctor Rodonaia residió en el reino de los querubines durante su experiencia de muerte, regresando después a la tierra para impartir esa sabiduría como parte de su ministerio.

El Jardín del Edén también se encontraba sometido a la influencia de los querubines, ya que estos seres angélicos vigilaban el árbol del conocimiento del bien y del mal. Cuando buscamos orientación espiritual interior, el conocimiento que recibimos por inspiración y revelación procede del orden angélico de los querubines. El extremo opuesto reside en el reino de Satanás, el arcángel caído que lideró originalmente a los querubines. La serpiente impartió el conocimiento del bien y del mal a Adán y a Eva en el Jardín. Se considera hoy en día que Satanás es el gobernador del conocimiento maligno utilizado para fines y beneficios egoístas. Se tratará más ampliamente de Satanás en el capítulo 6.

El siguiente orden de ángeles es el de los *tronos*. Éstos administran la justicia de Dios. Los tronos son una de las fuentes de las fuerzas kármicas, donde posiblemente se encuentre la posición del arcángel Alaliel en el orden divino. Según Dionisio, Dios ejerce a través de los tronos su justicia sobre nosotros. De acuerdo con una leyenda judía, muchos ángeles de este reino empezaron a contarse entre los ángeles caídos y ya no ocupan lugar alguno en la jerarquía celestial superior. Las actividades de los ángeles tronos caídos consisten en todo aquello que siembra *injusticia* o discordia en los asuntos terrenales de la humanidad. Si bien la justicia parece estar librando una continua lucha contra la injusticia, también parece cierto que el bien triunfará finalmente sobre el mal, y que la justicia (gracia) de Dios vencerá a todas las fuerzas opuestas (karma). Paola Giovetti escribe lo siguiente acerca de las actividades virtuosas de los tronos:

> En cuanto a los tronos, eran espíritus magnánimos y sublimes, y su nombre nos dice que trascienden en pureza cualquier inclinación vil, ascendiendo hacia la cima de modo cósmico. Se retraen con firmeza de toda acción inferior, sentados sólida y legítimamente en torno a Él, que es realmente el Altísimo, y recogiendo cuanto desciende del principio Divino[3].

Asimismo, los tronos crean un potente impulso espiritual en las almas de la humanidad para que la conciencia «regrese al hogar», para que las almas recuerden a Dios y regresen a Él. Emiten una poderosa fuerza de atracción, que acabará conduciendo de nuevo a todas las almas —independientemente de su estado actual de conciencia— hasta su herencia divina.

La jerarquía intermedia: dominios, virtudes y potestades

Los *dominios* o *dominaciones*, que integran el siguiente nivel de la jerarquía celestial, se manifiestan en el mundo como fuerzas de la naturaleza, en toda su diversidad y esplendor, en los reinos terrenales que son el animal, vegetal y mineral. Las lecturas de Cayce señalaron con frecuencia que quien comprende la naturaleza camina cerca de Dios. La majestad de los bosques terrenales refleja la gloria del orden divino de los dominios. De esta manera, el proyecto —perfecto en su potencialidad— de la evolución, inherente en cualquier manifestación física de la tierra, emana de los dominios. La ley de la evolución del reino espiritual de los dominios proporciona la estructura que permite a todas las cosas tener conciencia individual y, a la vez, contener el diseño de la unidad universal. Este orden de la jerarquía puede considerarse como la fuente original y la perfección final del proyecto de creación de Dios.

Las *virtudes* son las fuerzas angélicas que manifiestan milagros tanto en el espíritu como en la tierra. Así como los tronos emiten justicia, las virtudes emiten gracia. Conforme a las lecturas de Cayce, cuando Jesús rechazó las tentaciones de Satanás durante sus cuarenta días en el desierto, hizo frente y venció a la ley del karma, quedando así liberado para encarnar la ley de la gracia. Aun cuando numerosos maestros y enseñantes consiguieron avanzar en el camino que conduce al estado de gracia, se cree que Jesús fue el primer ser humano que alcanzó plenamente el estado de perfección de la gracia en cuerpo, mente y espíritu. Esta idea parece estar en consonancia con la presentada en la obra de Jean Danielou *The Angels and Their Mission*, en la que dos ángeles pertenecientes a las virtudes escoltaron el ascenso de Cristo cuarenta días después de su resurrección. La ley del karma es la vida y la muerte; la ley de la gracia es la vida eterna, sin pasar por la transición de la experiencia de la muerte. La gracia representa la majestad de las fuerzas de las virtudes. Los primeros cristianos pensaban que Jesús invocaba las fuerzas angélicas de las virtudes cuando realizaba milagros.

El tercer grupo de influencias angélicas de la jerarquía intermedia se compone de las *potestades* o *poderes*, que son inteligencias angélicas guerreras que mantienen a raya a los demonios y ángeles caídos, no sólo en los reinos espirituales, sino también en la tierra. El elemento virtuoso de estos seres angélicos consiste en inspirar poder creativo a las almas de la humanidad. Según la obra *Dictionary of Angels* de Gustav Davidson, las potestades regulan el poder de castigo, la compasión, la legislación y el poder soberano. En los raros casos de exorcismo (el cual, según admite de mala gana la iglesia católica, sigue practicándose en Estados Unidos), el sacerdote invoca la presencia de Cristo para expulsar al demonio, y las fuerzas así reunidas emanan de las potestades guardianas, cuyo reino domina soberanamente sobre las fuerzas de Satanás. Según las lecturas de Cayce, el propio nombre de Jesucristo *es* un poder vibratorio capaz de apartar cualquier espíritu, influencia o fuerza negativos.

La invocación del nombre aporta protección e intervención divinas. Cualquier forma de poder en el reino de la tierra emana de esta rama de la jerarquía divina. En la cúspide de su Fuente, las potestades son fuerzas benévolas puras que, sin embargo, pueden verse distorsionadas para actos malignos conforme a la voluntad humana. Dado que las potestades gobiernan la causa y el efecto junto a los tronos, el abuso o uso incorrecto de su energía pura provoca siempre la actuación de los tronos, quienes devuelven la actividad errada a su origen, en virtud de las fuerzas kármicas: «[...] Cada uno cosecha lo que siembra. El que siembra [el mal] cosechará destrucción; el que siembra [el bien], vida eterna» (Gálatas 6:7-8). Flower Newhouse creía que los ángeles del nacimiento y de la muerte llevan a cabo la justicia de Dios bajo la autoridad de las potestades.

La jerarquía inferior: principados, arcángeles y ángeles

Los *principados* o *principalidades* son los seres angélicos de nivel superior de la tercera tríada de la jerarquía de los ángeles. La diversidad de las religiones del mundo tiene su origen en estas inteligencias angélicas. A su vez, los dirigentes de las naciones poseen la capacidad de dejarse influir por las principalidades —esto es, si las escuchan— y disponen de orientación divina en su toma de decisiones. Así como cada persona tiene un destino individual que cumplir, cada nación colectiva tiene también un destino único. Del mismo modo en que un órgano del cuerpo se compone de millones de células que integran dicho órgano, cada persona de una nación es como una célula. Cuando todas las personas colaboran en un estado de divinidad, la nación funciona plenamente como si fuera un «órgano» del cuerpo de la Fuerza Única o Dios. Las principalidades podrían considerarse como la parte o «centro nervioso» del cerebro que rige el despertar espiritual de las masas. De acuerdo con Flower Newhouse, estas fuerzas angélicas no vigilan ni supervisan «las políticas de una nación, sólo sus incentivos humanitarios y su cultura individual»[4].

Una de las funciones de los *arcángeles*, el siguiente orden de la jerarquía angélica, consiste en supervisar las actividades de las naciones. En distintos períodos de la historia, varios arcángeles reinantes han inspirado nuestro mundo por medio del arte, la literatura, la música, la religión y el misticismo. Aunque los arcángeles se hallan en los niveles inferiores de la jerarquía celestial, pueden dirigir todas las fuerzas divinas al realizar su labor, y aparecen en la tierra con mensajes del Altísimo, recurriendo a los tronos, principalidades y virtudes. Los órdenes superiores citados parecen ser las *fuentes* de las que extraen su actividad. Por ejemplo, el rango al que pertenece Miguel puede efectivamente corresponder al orden supremo *en acción*, como si las principalidades, las virtudes y los tronos se convirtieran en arcángeles al moverse en la conciencia universal.

Este funcionamiento recuerda el modo en que, conforme a las lecturas de Cayce, Cristo es la fuerza de Dios *en acción*. El movimiento determina las diferentes actividades de la Fuerza Única. En su libro *Rediscovering the Angels*, Flower Newhouse escribe que los arcángeles podrían evolucionar hacia órdenes superiores de la jerarquía angélica y permanecer en ellos, pero han elegido sin embargo ayudar a las almas de la humanidad a recordar su herencia divina: «Los arcángeles son capaces de un tremendo desarrollo y podrían estar en las filas de cualquiera de los órdenes [celestiales] avanzados, pero han optado por hacer de intérpretes entre los órdenes superiores de la jerarquía angelical y los hombres»[5]. Han elegido ayudar a las almas de la tierra a desarrollar su potencial espiritual.

De acuerdo con Rudolf Steiner, Miguel será el arcángel principal que guiará el desarrollo espiritual de las naciones durante los próximos siglos. Su responsabilidad reside en llevar a las almas a su pleno despertar a la Conciencia Crística a nivel de la mente consciente. Es también un representante de las potestades, razón por la cual el arte suele representarlo como el portador de una espada que asiste a individuos o grupos a superar las tinieblas y las influencias malignas.

Según *El Libro de Enoc,* los siete arcángeles principales son Uriel, Rafael, Raguel, Miguel, Saraquiel, Gabriel y Remeiel. Cada integrante del tercer orden de la jerarquía celestial desempeña una función única en las actividades de todas las almas que hay en la tierra. Se cree que el arcángel Uriel es el gran alquimista que transforma la desgracia y la adversidad terrenales en grandes ventajas. Así, por ejemplo, una persona puede haber sido expulsada de un trabajo que ha sido su fuente vital durante muchos años. Cuando esta persona cree haber perdido toda esperanza, surge un puesto mejor en una compañía más exitosa, y la persona es contratada. Posteriormente, sobrecogida por su buena suerte, ésta se da cuenta de que su aparente desventura le trajo un gran beneficio. Tal vez debamos al reino angélico de Uriel el que, cuando Dios cierra una puerta en una esfera de nuestra vida, abra una ventana en algún otro campo. Si despierta en nosotros un sentimiento de fe —especialmente, cuando todo parece perdido— ello resulta posible gracias a las fuerzas de Uriel.

Se describe al arcángel Rafael como la fuente de toda sanación. El nombre de Rafael, procedente del caldeo antiguo, significa: «Dios ha sanado». En *El libro de Enoc,* Rafael «está encargado de todas las enfermedades y de todas las aflicciones de los hijos de los hombres» (Enoc 40:1). Las lecturas de Cayce están llenas de referencias que atribuyen todas las formas de curación a «la Fuerza

Única». De acuerdo con esta información, cuando nos sometemos a cualquier tipo de tratamiento médico, ya sea natural o alopático, nos limitamos a poner el organismo en un estado receptivo en el que la capacidad de curación pueda *manifestarse* para restablecer la armonía trastornada. Desde esta perspectiva, podemos apreciar por qué los arcángeles no son individuos o entidades, sino poderes, fuerzas e influencias con los que actuamos a diario. Aunque la ciencia y la medicina sepan que el organismo tiene la capacidad de curarse a sí mismo, sigue siendo un misterio cómo se produce la curación. Tal vez ello se deba a que la *fuente* de toda sanación, desde Dios hasta la actividad espiritual (Rafael), nos resulta invisible.

Rafael es también el arcángel que lleva inspiración divina a los artistas. William Blake, un poeta y pintor del siglo diecinueve, tuvo numerosas visiones místicas mientras dibujaba y grababa obras de ángeles y arcángeles (parte de una de éstas figura en la portada de esta obra). El escultor del siglo dieciséis Miguel Ángel vio con frecuencia la estatua finalizada encerrada dentro del bloque de mármol sin cincelar. Creía que la habilidad para esculpir y pintar le había sido concedida a través de la inspiración divina.

Se ha escrito muy poco acerca del arcángel Raguel, salvo su función que consiste en imponer tareas a los demás arcángeles y dirigir los reinos angélicos inferiores. En *El libro de Enoc*, Raguel figura como el arcángel guardián de las «luminarias». Según tal obra, cada planeta de nuestro sistema solar —así como los que quedan por descubrir— es un cuerpo celestial literal, un arcángel que irradia inspiración y experiencia mística. A esta luz, Raguel es un mentor para estos arcángeles planetarios celestiales. En nuestro interior, Raguel puede considerarse como el «guardián» de nuestros siete centros espirituales, nuestros *chakras* (véase el capítulo 7: «La promesa angélica: de Adán a Jesús»), regulando y equilibrando conflictos internos entre el bien y el mal.

El libro de Enoc atribuye al arcángel Saraquiel el dominio sobre las almas que han transgredido contra Dios. Está representado muy dentro de nosotros por nuestra conciencia. Cuando erramos o pecamos, las fuerzas de Saraquiel nos hacen conscientes de nuestros abusos, en lo que Cayce llamó el trono de nuestra conciencia. Varias lecturas indicaron que la conciencia es la voz divina interior que nos dice cuándo no estamos a la altura de nuestros ideales espirituales o cuándo nos desviamos de ellos.

El arcángel Gabriel (cuyo nombre se traduce como «héroe de Dios») es el más conocido de los arcángeles junto con Miguel. Este mensajero es el que se aparece para revelar la voluntad suprema de Dios, ya sea en los reinos espirituales o en la tierra. En el primer capítulo de San Lucas, Gabriel anuncia a Zacarías que va a ser el padre de Juan el Bautista (1:8-21). En torno a la misma época, Gabriel también anuncia a María que va a ser la madre de Jesús (1:26-38). Gabriel desempeñó un papel de gran alcance durante la aparición de Cristo en la tierra. Además de la anunciación a María y de la confirmación de que su prima Isabel iba a ser madre de Juan el Bautista, se cree también que Gabriel fue uno de los ángeles luminosos que los apóstoles vieron en la tumba tras la crucifixión de Jesús. En la filosofía religiosa cristiana, Gabriel es el arcángel de la resurrección, lo cual coincide con su presencia en la tumba de Jesús. El poder de resurrección es otorgado por los tronos, a través de las fuerzas de Gabriel. Es entonces muy natural que este ser angélico estuviera presente ante el primer Humano que logró vencer a la muerte.

También se conoce a Gabriel como el «ángel del paraíso». Cabe apuntar que, mientras Jesús estaba falleciendo en la cruz, habló a uno de los dos ladrones con los que lo habían crucificado, diciéndole: «Te aseguro que hoy estarás conmigo en el paraíso» (Lucas 23:43). Las lecturas de Cayce definían el paraíso como un estado divino de conciencia en el que las almas gravitan inmediatamente después de la muerte, un lugar en el que las almas experimentan un gran sentido de paz y, aun sabiendo que acaban de dejar la vida terrenal, saben también que se encuentran en un estado de conciencia satisfecho y expansivo. La experiencia que vivimos en esos reinos es similar a la alegría desbordante que sentimos cuando nos damos cuenta de estar soñando *dentro de un sueño*: lo que se conoce como «sueño lúcido». En tales reinos nos vemos rodeados de amigos y seres queridos.

En arte, particularmente en los cuadros de da Vinci, Gabriel se representa a menudo llevando una azucena, la flor de María, en la anunciación. Resulta muy interesante observar que la próxima era o nuevo milenio se ha llamado «la Edad de la Azucena». Cuando se le pidió aclaración en una lectura, Cayce respondió que la azucena representa la pureza, y sólo los puros de corazón lograrán comprender plenamente ese gran cambio de conciencia que nos aguarda. Lo único que se requiere de nosotros es comprender plenamente que esa pureza de conciencia significa el regreso a la inocencia.

Cuando afirmó que, a menos que nos volvamos niños, nunca veremos el reino de Dios, Jesús se estaba refiriendo a un *estado de conciencia*. Llevar tan inocente estado de ser a la vanguardia de nuestra conciencia supone un gran reto en la actualidad: nos enfrentamos a constantes noticias de tensiones sociales, delincuencia, terremotos y crisis medioambientales, que se unen a nuestra omnipresente inquietud con respecto a los tiempos venideros. Las lecturas de Cayce subrayaron a muchas personas que el miedo es el opuesto espiritual de la fe. La combinación de temor, dudas y culpa socava gravemente nuestro camino espiritual. Debemos encontrar la manera de abandonar y transformar tales actitudes y emociones negativas para percibir la divinidad de toda vida. Como ocurrió hace 2.000 años cuando Gabriel vino a anunciar el nacimiento de Jesús, una época que había de ser regida por el amor y la esperanza, la inteligencia celestial ha venido de nuevo para anunciar *a través de nosotros* que nos estamos acercando a un nuevo nacimiento de despertar espiritual.

El libro de Enoc transmite cierta confusión acerca del papel de Remeiel, el séptimo arcángel principal de la jerarquía. En una parte del libro, Remeiel es quien preside la visión mística. En una sección posterior, se le cita entre los ángeles caídos, compañeros de Lucifer. Conforme a otras tradiciones, Remeiel presidirá el próximo Día del Juicio, en el que las almas se presentarán ante los tronos y rendirán cuentas por sus actos en la tierra. Es posible que Remeiel sea uno de los encargados de los registros y forme parte de las fuerzas angélicas que controlan los registros akásicos.

En *Return from Tomorrow*, el fascinante relato de los nueve minutos de experiencia cercana a la muerte de George Ritchie, el autor se encontró ante una gran Luz (que él identificó con Cristo), que presentaba todos los pensamientos, actos y sentimientos que había experimentado durante su vida en la tierra. Según Ritchie, esta experiencia no era como una película, sino un *registro vivo* de su vida. Era algo así como volver a vivir instantánea y panorámicamente cada instante importante su vida. Remeiel puede considerarse como el arcángel guardián de tales registros vivos. Si tenemos conciencia de semejante registro en nuestra vida actual, estaremos al corriente, no sólo de nuestros actos, sino también de nuestros pensamientos, los cuales figuran en el registro al igual que los actos. Si nos hacemos conscientes de que todo lo que pensamos y hacemos entra a formar parte del registro de nuestra alma, ello puede realzar el sentido de aquellas cosas de nuestra vida que necesitan transformación.

El orden inferior de la tercera jerarquía comprende a los *ángeles*. Aun encontrándose en este nivel de la jerarquía celestial, los deberes y actividades de los ángeles resultan extremadamente importantes en la interacción divina entre los reinos celestiales y el reino terrenal. Los ángeles salvan la distancia entre lo «visible» y lo «invisible», y se manifiestan en una variedad de formas. Las lecturas de Cayce señalan que éstos no sólo actúan durante nuestra vida terrenal —aportando inspiración, revelación, orientación y protección—, sino que también son los mensajeros que «presentan» después de la muerte nuestras experiencias terrenales a los poderes más altos, al «trono de gracia y misericordia», como lo designan las lecturas. Así, por ejemplo, un hombre de negocios que estaba haciendo un balance de sí mismo, de su relación con Dios y también de sus defectos, preguntó en una lectura:

«¿De qué modo he dejado de escuchar el consejo de mi Creador, en mis acciones o actos, o en qué he faltado?»

Cayce respondió en estado de trance:

> Busca en tu interior. Ningún hombre tiene derecho a culpar a su hermano. No culpan los ángeles que están ante el trono de la compasión, sino que más bien *presentan lo que el alma del individuo ha hecho con su conocimiento, su intelecto, su discernimiento. Así es como encuentra cada alma su parentesco con el Creador*; ya se trate del dios de la luz, el amor y la esperanza, o de aquél que se separó del mismo y fomenta la desesperación, la noche y cuanto obstruye el acercamiento (Cursiva del autor)[6].

En este caso, los ángeles son los «registradores» de nuestras vivencias. Presentan a Dios los acontecimientos de nuestra vida, y los vemos después de la muerte. Muchas personas que han tenido experiencias cercanas a la muerte describen haberse encontrado en un lugar donde todos los pensamientos y actos de su vida les eran presentados en una «visión» instantánea y panorámica. Esta revisión de la vida se produce con frecuencia en presencia de Cristo y de «seres de luz», ángeles. Va acompañada por una poderosa sensación de amor incondicional, sean cuales sean las transgresiones, faltas y pecados del individuo. En cuanto los ángeles llevan a Dios el registro de nuestras experiencias, nos damos cuenta con mayor claridad de nuestra relación con nuestro Creador. También comprendemos dónde nos hemos quedado cortos y en qué aspectos del desarrollo del alma hemos progresado durante la vida.

Según las lecturas de Cayce, de todas las almas que fueron

creadas al principio, sólo *un tercio* de ellas entró en el mundo material. Muchas de las que no entraron en la existencia terrenal desempeñan el papel de guardianes, mensajeros y portadores de decretos divinos para la humanidad. En el capítulo 8 («Nuestros queridos ángeles de la guarda»), se abordarán detenidamente las numerosas formas de ángeles.

La jerarquía angélica divina es más que una colección de seres celestiales: se trata de estados de conciencia tanto internos como externos que nos presentan constantes oportunidades de despertar divino. Hoy más que nunca está emergiendo, en los corazones y mentes de personas de todo el mundo, la conciencia de que lo Divino no es un ser sobrenatural que debemos buscar en algún punto exterior, sino una parte de nuestra ascendencia espiritual. Durante cientos de milenios, las comunicaciones procedentes de estos seres no han resultado comprensibles para nuestra conciencia materialista. Ahora, sin embargo, las almas de la tierra se están despertando de un largo sueño espiritual y se están preparando para la revelación (a nivel de la mente consciente) de un gran misterio: que somos parte integrante de los grandes ángeles de la luz y el amor. Esta es la realidad que se está abriendo ante nosotros como una flor, en este preciso momento de nuestro mundo y nuestras vidas.

6

Satanás y sus ángeles caídos

Conviene tener presente que todos los ángeles, sea cual sea su estado de gracia —sin que importe, de hecho, su grado de corrupción y desafío cristológico— se encuentran bajo Dios [...].
~Gustav Davidson

El anticristo: una perspectiva interior

Durante una clase de filosofía y religión impartida a mediados de los ochenta en Virginia Beach, Virginia, J. Everett Irion, una de las principales autoridades en la interpretación que las lecturas de Edgar Cayce aportan del Apocalipsis, contestó a una serie de preguntas relativas a la naturaleza del mal. Una joven alumna, que interpretaba la Biblia en sentido literal, quiso conocer detalles del *anticristo.*

—¿Surgirá el anticristo en el Medio Oriente y se hará con el poder en el mundo, dando comienzo a la gran batalla de Armagedón? —preguntó pensativa—. ¿O nacerá aquí en Estados Unidos?

Irion llevaba treinta años estudiando el Apocalipsis cuando empezó a enseñar una interpretación mística del libro. Esta pregunta se planteaba con frecuencia en sus clases.

—Voy a contestar a su pregunta con otra pregunta —respondió Irion—. ¿Ha experimentado usted alguna vez un pensamiento, sentimiento o actitud que *no* desearía presentar a Dios?

La joven hizo una pausa, aparentemente confusa.

—Bueno... por supuesto —contestó al fin—. Quiero decir que todos hemos pensado cosas malas o mezquinas o hemos guardado rencor alguna vez. Sí, he tenido pensamientos que me avergonzaría presentar ante Dios.

—La esencia del mal, de Satanás o del anticristo —respondió Irion—, es la suma total de todo aquello que se opone a Dios: en pensamiento, palabras, actos o experiencias. Esperó a que sus palabras se asimilaran.

«Codicia. Odio. Autocondena», prosiguió con ritmo acompasado. «Celos. Venganza. Deseo. Temor. Culpa. Caos. Avaricia. Confusión. Murmuraciones. Chismes...».

Irion contempló la clase desde el podio. «¿Han sentido alguna vez algo de lo anterior?» Los alumnos permanecían sentados, reflexionando en silencio. Algunos asintieron con la cabeza.

«Si la respuesta es sí», dijo, «entonces *ustedes*, amigos míos, han recibido al anticristo; han ayudado a traerlo a nuestro mundo. Así es cómo el anticristo —Satanás— actúa en el mundo material».

Esta idea, que Irion expuso de forma muy personal ese día, fue presentada en una serie de lecturas que Cayce realizó en la década de 1930 sobre el Apocalipsis. Se formuló la pregunta: «¿De qué forma llega el anticristo, según el Apocalipsis?» Cayce contestó:

> En el espíritu opuesto al espíritu de la verdad. Los frutos del espíritu de Cristo son el amor, la alegría, la obediencia, la longanimidad, el amor fraterno, la amabilidad. No existe ley en su contra. El espíritu del odio, o sea el anticristo, es la controversia, el conflicto, el vituperio, el narcisismo, la vanagloria. Éstos son el anticristo, se apoderan de los grupos, de las masas, y se muestran incluso en las vidas de los hombres[1].

Irion explicó que los ángeles de las tinieblas han distorsionado las fuerzas del bien, convirtiéndolas en una conciencia espiritual malévola. La oscuridad—el anticristo—es lo directamente opuesto a lo que es bueno, armonioso y amable. Sin embargo, los ángeles caídos actúan en el mundo material a través de los humanos: cada vez que *elegimos* ejercer nuestro libre albedrío en oposición a la ley divina. Según las lecturas de Cayce, cuando Satanás fue expulsado del cielo por el arcángel Miguel, fue soltado en el reino de la tierra y sólo pudo practicar el mal seduciendo la voluntad humana. El mal es impotente sin una decisión personal de prestarse a tal conducta. Buscar venganza, sentir odio o causar trastornos por envidia son decisiones voluntarias que invocan la conciencia del anticristo. Resulta muy fácil buscar la oscuridad fuera de nosotros, pero no siempre es igual de fácil verla en nuestro interior.

El anticristo, tal como se le llama en el Apocalipsis, se interpreta a menudo como un líder malvado que aparecerá en el escenario mundial. Numerosas sectas religiosas predicen que el anticristo será una persona que causará estragos y destruirá gobiernos, y finalmente el mundo. Las ramas fundamentalistas del cristianismo, que interpretan literalmente la Biblia, buscan signos externos que confirmen esa llegada del anticristo. Observan de cerca las elecciones de gobierno y el ascenso de los líderes mundiales. Existe ciertamente la posibilidad de que, del mal colectivo que manifiestan expresamente algunas personas en nuestra época, pudiera surgir un individuo, traído a la tierra por medio de deseos oscuros, injusticias y proyectos malignos de locura humana. Las noticias nos presentan pruebas de semejante maldad: el genocidio en Bosnia y Serbia, desgarradas por el odio entre dos culturas; la lucha religiosa entre católicos y protestantes en Irlanda; el genocidio y la hambruna en Ruanda. Los enfrentamientos a mano armada entre pandillas de jóvenes han devastado los barrios del sur de Los Ángeles y muchas otras ciudades en los Estados Unidos; y ahora se han esparcido a muchos países de América. Tales crisis reflejan lo opuesto de la armonía, el amor, el equilibrio y la confianza. Estas son las manifestaciones mundanas del anticristo. Semejante maldad también aparece en las personalidades de los líderes mundiales corruptos.

Edgar Cayce subrayó el poder de transformación de las actitudes y emociones. Estamos creando nuestro futuro —individual y colectivamente— por medio de nuestras creencias y pensamientos. Como tantas veces preguntó Cayce en sus lecturas: *¿Qué están construyendo?* La responsabilidad de la creación de un futuro armonioso o caótico nos corresponde meramente a nosotros. Como afirmaron las lecturas, diez personas pueden salvar a una ciudad de la destrucción meditando y rogando por la paz con sinceridad. Veinte pueden salvar una nación.

Satanás: el adversario

Así como tenemos acceso a los ángeles de la luz, también tenemos a nuestra disposición un oscuro repertorio de ángeles negativos. ¿De dónde provienen y cómo actúan en nuestro mundo? Una mujer de ochenta años recibió una lectura de Cayce y quiso saber qué significaba una visión que había tenido. En su respuesta, Cayce explica la diferencia que existe entre las funciones de los ángeles de las tinieblas y las de los ángeles de la luz:

«Explíqueme por favor unas visiones que he tenido en las que se me mostraba una veta de oro y un yacimiento de petróleo cerca de Woodward's Chimney Corner, en Lamb's Spring, Texas».

Edgar Cayce respondió, en parte, con una pregunta: «En lugar de objetos materiales, ¿no serán influencias que surgen como emblemas en su propia experiencia, y que son tan valiosas como el oro para las propias almas de los hombres?» Cayce explicó a la mujer que los emblemas valían más que el oro: «[...] para su propia vida [son una] experiencia emblemática. Porque los ángeles de la luz sólo utilizan objetos materiales como emblemas, mientras que los ángeles de la muerte los utilizan como señuelos que pueden apartar de su camino a las almas de los hombres. El Maestro dijo: "Hay caminos que al hombre le parecen rectos, pero que acaban por ser caminos de muerte y confusión". [...] ¿Qué le ha dado a usted su fuerza: buscar cosas materiales o ser una sierva del Señor?»[2].

La respuesta de Cayce no establece que el oro y los objetos de valor material sean malignos. Señala que, en este caso particular, la visión de la mujer significaba una llamada espiritual —siempre que fuera capaz de prestarle atención— que indicaba que tenía dentro de su alma un talento «valioso», una facultad que le permitiría ser una «sierva», o un ejemplo para el mundo material de autenticidad y ayuda espiritual. La mujer también tenía tendencia a dejarse arrastrar por los objetos materiales, y ello suponía una distracción que podía resultar destructiva para su alma. La decisión era de ella exclusivamente.

En las lecturas, Cayce identificó a Satanás de muchas formas diferentes, como por ejemplo: el Malvado, la Serpiente, el Demonio, el Adversario; su influencia era una conciencia colectiva, y no una personalidad individual. La palabra hebrea que designa a *Satanás* se traduce como «adversario». En el Libro de los Números del Antiguo Testamento, «Satanás» se refiere a un trabajo u oficio, en lugar de un ser maligno: «Mientras [Balán] iba con ellos, la ira de Dios se encendió y en el camino el ángel del Señor [haciendo el papel de adversario] se hizo presente, dispuesto a no dejarlo pasar» (22:22). En este ejemplo, Satanás es el ángel del Señor que se opone al mal. Se necesitaba la intercesión divina porque se había encargado a Balán, un profeta de los midianitas finalmente asesinado por su maldad, maldecir al pueblo de Israel por haberse apoderado de la tierra de Moab. Balán acudió montado en una burra para maldecir al pueblo cuando el ángel apareció súbitamente. El ángel del Señor se parece, aquí también, a Miguel: «El Señor abrió los ojos de Balán, y éste pudo ver al ángel del Señor en el camino y empuñando la espada [...]» (22:31). Poco antes de que Balán viera al ángel: «[...] la burra vio al ángel del Señor y se echó al suelo con Balán encima. Entonces se encendió la ira de Balán y golpeo a la burra con un palo» (22:27). Como vemos, los actos del ángel se oponen a Balán y lo hacen estallar en ira. El ángel actuó como un *Satanás* «adversario» contra Balán para impedir que éste maldijera al pueblo de Israel.

En el Nuevo Testamento, Pedro recibió el nombre de «Satanás» cuando intentó disuadir a Jesús de ir a Jerusalén: «¡Aléjate de mí, Satanás! Quieres hacerme tropezar [...]», dijo Jesús (Mateo 16:23). Aunque Pedro pensaba que velaba por los intereses de Jesús, estaba impidiendo que Jesús cumpliera su misión de muerte y resurrección. En este caso, Pedro era un «adversario» de Jesús. Sin embargo, en la mayor parte de la literatura y del dogma cristianos, Satanás es un arcángel caído maligno que pone obstáculos a las actividades marcadas por la bondad y la luz, y es el director de todo lo que está en contra de Dios.

El arcángel Lucifer: el portador de luz

Al principio, Dios creó a Lucifer como un arcángel. No obstante, Lucifer —que significa «portador de luz» o «dador de luz»— se ha convertido en un sinónimo de Satanás. Gustav Davidson en su obra *Dictionary of Angels* aporta que:

> El nombre de Lucifer fue aplicado a Satanás por San Jerónimo y otros Padres de la Iglesia. En *Paraíso perdido*, Milton dio este nombre al demonio del orgullo pecaminoso. Lucifer es [también] el título y personaje principal del poema épico de Vondel, el Shakespeare holandés (que utiliza Lucifer en lugar de Satanás) [...][3].

Con fines cronológicos, llamaremos Lucifer al arcángel creado por Dios antes de la caída, y Satanás al mismo arcángel después de la caída.

Lucifer gobernaba el reino angélico de los querubines y dominaba virtualmente todos los reinos de los ángeles. Desempeñó un papel relevante en la creación de Dios antes de la gran rebelión de los arcángeles y *sometió a prueba* a las almas en desarrollo que estaban aprendiendo a actuar con sus poderes cocreativos. Ya ejercía desde hacía mucho tiempo su función de «supervisor» de los ángeles cuando nació el reino terrenal. En esa época, todos los seres conocían espiritual y conscientemente su unión con Dios. No había tiempo ni espacio, tan sólo experiencia: una gran expansión de la conciencia en una miríada de creaciones. Lucifer poseía poderes absolutos para supervisar y dirigir la divina manifestación de Dios.

El doctor M. Scott Peck, en su libro *People of the Lie: The Hope for Healing Human Evil,* describe así al arcángel Lucifer antes de su rebelión espiritual:

> Satanás era el segundo en la cadena de mando de Dios, el jefe de todos sus ángeles, el bello y bienamado Lucifer. El servicio que prestaba en nombre de Dios consistía en impulsar el crecimiento espiritual de los seres humanos mediante pruebas y tentaciones, igual que nosotros sometemos a exámenes a nuestros escolares para fomentar su crecimiento. Por consiguiente, Satanás era principalmente un maestro de la humanidad, razón por la cual se le llamó Lucifer, o portador de luz[4].

Surgieron problemas cuando Lucifer se enamoró de su propio poder y autoridad. La «caída» espiritual desde la gracia fue encabezada por este gran portador de luz. En las lecturas de Cayce, tal descenso fue un viaje hacia el egoísmo. Lucifer hizo caer aún más bajo a muchos de los arcángeles, ángeles y almas, llevándolos hacia creaciones que únicamente glorificaban a las entidades individuales, en lugar de enaltecer a Dios. Las lecturas de Cayce no describen el gran descenso al egoísmo como algo inherentemente maligno, sino que lo atribuyen al simple hecho de que las almas se perdieron al identificarse con sus creaciones, y no con las de su Creador. Finalmente, las almas se entregaron hasta tal punto a sus propios y únicos estados de conciencia que olvidaron el origen de su poder. Las almas caídas habían creado sus propias identidades, experimentando con distintas energías y formas etéreas. Ello marcó el comienzo de una especie de «individualidad» absorta en sí misma, un estado bastante normal en nuestro mundo tridimensional. Pero en ese período de desarrollo espiritual, semejante individualidad representó un separación completa de Dios en la conciencia.

Cuando trataron de intervenir el arcángel Miguel y otros dirigentes de la jerarquía angélica que mantenían la armonía con Dios, se produjo una gran batalla. En este punto de la creación, Lucifer había *alentado* la individualidad y había mostrado un camino equivocado que dirigía las almas hacia una individualidad completa, subestimando la importancia de mantener la armonía con Dios o la conciencia de Dios. Lucifer y las incontables almas que siguieron este plan de individualidad egoísta se rebelaron contra Miguel. El que esta guerra se conozca como *la batalla entre la luz y las tinieblas* es particularmente acertado, ya que los arcángeles armoniosos emitían las vibraciones puras de la luz y del amor de Dios, mientras que las egoístas hordas de seguidores de Lucifer habían quedado debilitadas por sus propios empeños, y las configuraciones de sus fuerzas vitales estaban apagadas y contaminadas: creando así un vacío u oscuridad dentro de los reinos de la luz.

En su libro *Know Your Angels*, John Ronner explica la teoría del antiguo maestro de iglesia Orígenes, quien creía que la variación de las estructuras vibratorias de los ángeles está determinada por la distancia a la que tales ángeles se encuentran de Dios:

> Algunas inteligencias [ángeles] eligieron libremente permanecer cerca de Dios, conforme a lo planeado. Se convirtieron en los ángeles superiores, dotados de cuerpos etéreos. Otras se apartaron, convirtiéndose en ángeles inferiores, también con cuerpos etéreos. Otras se alejaron todavía más, convirtiéndose en seres humanos físicos y carnales. Las que se fueron más lejos se convirtieron en

demonios, con cuerpos ásperos y fríos[5].

El fragmento anterior sugiere que el mal está, simplemente, más alejado de Dios que el bien. No está separado de Dios, pero se ha apartado de la Luz. De acuerdo con las lecturas de Cayce, esta realidad remota del mal está «inmediatamente debajo» del amor de Dios.

Lucifer renunció finalmente a la Luz, y su posición, anteriormente valiosa como adversario que probaba a las almas, se volvió contra Dios, que le había dado el ser. Lucifer estableció su propio reino en los límites más remotos de la creación, en los reinos bíblicos de «absoluta oscuridad» de la conciencia. El portador de luz se envolvió a sí mismo en odio, junto con sus legiones de seguidores empeñados en oponerse a todo lo que representara la unidad con Dios.

Se formula a menudo una pregunta obvia: *Si Dios es contrario al mal y lo desprecia, ¿por qué no acaba simplemente con Satanás y sus influencias malignas?*

La respuesta es sencilla. Dios no puede hacerlo. La historia de Cayce sobre la creación de las almas revela que Dios deseaba compañía, quería experimentarse a Sí Mismo en forma de estados individualizados de conciencia. A cada una de esas partes de Sí Mismo —las almas— les dio libre albedrío. Habiendo otorgado capacidad de elección a las almas, cabía la posibilidad de que tales diminutos aspectos de Dios —las almas, los ángeles y los arcángeles— desafiaran al propio Dios. No sabemos con certeza si esto formaba parte del plan original: salir al mundo de lo material, sumergirse en las propias creaciones, y después regresar a Dios por nuestra propia voluntad. Lucifer fue el primer ser creado por Dios que descompuso la armonía de la creación. Existe un fuerte debate acerca de si semejante desorden fue un accidente o un designio cargado de propósito.

Las lecturas de Cayce afirman una y otra vez que fue un error que las almas entraran en un estado tridimensional de conciencia tan limitado, en el que su conciencia se restringía a su propia individualidad y a sus creaciones, *sin* percepción consciente de Dios. Según las lecturas, el propósito del plan divino era que las almas que olvidaban su herencia divina tuvieran innumerables oportunidades para despertar de su sueño egoísta y volver a Dios ejerciendo su propia voluntad. Ello era tan importante que los arcángeles recibieron el encargo de supervisar esta reintegración espiritual. Aun cuando el plan original de Dios con respecto a la creación se vio desafiado, la tierra fue concebida de tal forma que las almas pudieran volver a recordar su finalidad original. Cayce explicó bajo trance:

> Como se ha dicho, las almas fueron hechas para acompañar al Creador. Y, a través del error, de la rebeldía, del desprecio, del odio, de la disputa, se hizo necesario que todas pasaran bajo la vara, que fueran tentadas en los fuegos de la carne y purificadas, para ser compañeras a la altura de la *gloria* que puede ser suya[6].

Como declaran las lecturas, las almas de la tierra tomaron parte en la rebelión original del espíritu. Pero ahora, cientos de milenios después, nos estamos aproximando con rapidez a un gran despertar, al recuerdo del plan original de Dios. Esto ya se nos ha recordado en la parábola bíblica del Hijo Pródigo (Lucas 15:11-32), donde Jesús narra la historia de las almas que se extraviaron (por medio de su rebelión) y, después de mucho tiempo, finalmente regresaron —por su propia voluntad— hacia su «hogar» que es Dios. Visto así, los ángeles caídos rebeldes actuaron en un estado de amnesia, conscientes únicamente de sus propias motivaciones y actos egoístas. Ahora bien, incluso en el estado más bajo de conciencia, permanece el proyecto original de Dios. El salmista lo describe así maravillosamente:

> ¿Adónde podría alejarme de tu Espíritu? ¿Adónde podría huir de tu presencia? Si subiera al cielo, allí estás tú; si tendiera mi lecho en el fondo del abismo, también estás allí. Si me elevara sobre las alas del alba, o me estableciera en los extremos del mar, aun allí tu mano me guiaría, ¡me sostendría tu mano derecha! (Salmos 139:7-10).

Si la presencia de Dios está en toda creación, incluso en los reinos del infierno como indica este verso bíblico, resulta razonable pensar que las legiones de Satanás regresarán finalmente a Dios. La gran rebelión o caída de los ángeles de la luz podría haber formado parte del gran drama de la creación con el propósito de experimentar todo cuanto puede ser experimentado en el universo: la luz, la oscuridad y cuanto hay en medio; y después, llenos de resplandor, las almas y los ángeles regresarían a Dios. Resulta difícil aceptar este punto de vista cuando se observan las manifestaciones del mal en la sociedad, la inhumanidad consigo misma de la humanidad, la tragedia de los crímenes dictados por el odio y las atrocidades de la guerra. Tales manifestaciones están directamente opuestas a los propósitos de la creación divina: amor, armonía, paz, alegría y felicidad.

Las puertas del mal

Una gran responsabilidad acompaña el proceso de desarrollo espiritual y psíquico. Así como una persona lleva ropa protectora cuando trabaja en una planta de producción eléctrica, también necesitamos protegernos cuando nos adentramos en el mundo espiritual. ¿Por qué? Cayce lo explicó muy bien en una lectura: «Así como existe un salvador de la persona, existe también el demonio personal»[7].

Hugh Lynn Cayce investigó las posibles consecuencias de la utilización de tableros de Ouija® y escritura automática. De acuerdo con su libro Venture Inward, las personas pueden, sin darse cuenta, quedar poseídas por espíritus malignos desencarnados al usar tales instrumentos. Relató varios casos espantosos de personas que habían entrado en contacto, a través del tablero de Ouija, con lo que parecían seres benéficos que habitaban en los reinos espirituales superiores. Sin embargo, tras repetir las comunicaciones, estos seres se apoderaron de las personas que realizaban el experimento psíquico y convirtieron su existencia en una vida de pesadilla. Es irrelevante que tales influencias invasoras formaran parte de la mente inconsciente colectiva o fueran entidades malignas independientes. El resultado final fue desastroso: la voluntad del individuo había cedido ante algún poder invisible que pretendía causar mucho daño.

«El peligro de los tableros de Ouija», dijo Hugh Lynn en una conversación privada con el autor, «es que son tan *fáciles* de usar. Supone muy poco esfuerzo abrir esa "puerta" que papá [Edgar Cayce] llamó la "*zona fronteriza*". En esa zona se reúnen las almas que se dirigen a la tierra y buscan una entrada por vía de la escritura automática, los tableros de Ouija o la actividad de los mediums».

No obstante, algunas personas han conseguido grandes logros espirituales utilizando tableros de Ouija. La autora y médium Jane Roberts escribió una serie de libros fascinantes, inspirados en su relación psíquica con una entidad desencarnada llamada Seth, que hablaba a través de ella y le dictaba libros. Su contacto inicial con Seth se realizó por medio de un tablero de Ouija. Ahora bien, el acercamiento *indiscriminado* a estos tableros y a la actividad de los mediums sí que puede acarrear resultados extraños, tales como los descritos por Hugh Lynn en *Venture Inward.*

La meditación incorrecta también puede conducir a aperturas psíquicas, así como a influjos y ataques psíquicos indeseables. Varias personas acudieron a Cayce tras haber tenido experiencias inquietantes con entidades desencarnadas. Las lecturas señalaron que ello era consecuencia de una apertura incorrecta o prematura de los centros espirituales del cuerpo, por practicar una forma de meditación que creaba una vía a través de la cual tales espíritus podían ejercer su influencia y originar problemas de posesión.

Una mujer con episodios psicóticos, acompañados de delirios de persecución, escribió a Cayce. La lectura subsiguiente indicó que había abierto su cuerpo a la posesión por medio del «estudio» (probablemente, una forma de meditación): «Se nos indica que el cuerpo es una entidad individual hipersensible que se ha dejado poseer a través del estudio, abriendo los centros corporales [...]»[8]. (Las lecturas de Cayce recomiendan un método seguro de meditación que abordaremos en el capítulo 8: «Nuestros queridos ángeles de la guarda»).

Aunque los casos de posesión descritos en *Venture Inward* no llegaron al exorcismo, sí provocaron llamadas a sacerdotes y rezos para desterrar a las influencias malignas. «Lo más aterrador de estos casos», escribió Hugh Lynn, «es que se reproducen en millares de casos personales de pacientes actualmente internados en instituciones mentales de todo el mundo»[9]. Hugh Lynn Cayce pensaba que muchos pacientes hospitalizados en Estados Unidos, diagnosticados como dementes sin remedio, se habían abierto sin querer a la interferencia psíquica a través de la escritura automática y los tableros de Ouija.

«Las voces que oyen», afirmó Hugh Lynn, «no son parte de un delirio psicótico: son reales. Estas personas abrieron la puerta de su mente inconsciente y no pueden cerrarla. Necesitan ayuda espiritual, y no sólo ayuda psicológica y médica. Muchas de ellas están realmente poseídas por entidades desencarnadas».

Las lecturas de Cayce contienen más de cuarenta referencias a la posesión real por espíritus desencarnados. En algunos casos, ésta se debió a un interés del sujeto hacia los experimentos psíquicos sin contar con el conocimiento o la preparación adecuados. Una mujer estaba recibiendo lo que creía que eran mensajes angélicos o cósmicos procedentes de las esferas espirituales. Acudió a Edgar

Cayce en busca de consejo espiritual por medio de sus lecturas: «Para favorecer la posible recepción de mensajes cósmicos, ¿debería entrenarme en escritura automática o utilizar un médium?». Cayce respondió negativamente a sus dos opciones:

> Como se ha indicado, ¡en lugar de recurrir a la escritura *automática* o a un médium, recurre a tu voz interior! Si ésta se expresa posteriormente en lo que tú puedas encontrar a través de tu mano, mediante la escritura, todo está bien; pero que la mano no se deje guiar por una influencia exterior. Pues el universo, Dios, está en el interior. Tú eres de Él. ¡La comunión con las fuerzas cósmicas de la naturaleza, la comunión con el Creador, es [para tu alma] un derecho de nacimiento! ¡No te sientas satisfecha más que caminando con Él![10]

En este caso concreto, Cayce nos previene contra la comunión con espíritus o entidades superiores o desencarnados; y nos aconseja buscar «la voz interior»: esa conciencia sin límites que se encuentra en comunión directa con Dios. Según las lecturas de Cayce, el problema de la escritura automática radica en que la persona que la utiliza como instrumento psíquico nunca se desarrollará más allá de la fuente de información o por encima de la entidad que la dirige. Sin embargo, si la información procede de dimensiones internas *edificantes*, tal información permite, según Cayce, el desarrollo del alma, ya que procede de la parte más recóndita del alma que está en conexión con Dios.

Los ángeles caídos y el libre albedrío

Numerosas doctrinas religiosas mantienen que, si bien los ángeles caídos que se extraviaron no son necesariamente personas terrenales, ejercen no obstante una gran influencia en la vida de las almas de la tierra. Desde este punto de vista, Satanás y sus seguidores son una creación perfecta que se pervirtió de forma perfecta, convirtiéndose en algo inherentemente maligno que nunca podrá redimirse ni regresar a Dios. Su única finalidad es desafiar a Dios y distraer a las almas terrenales para que no recuerden sus orígenes divinos. En su libro *Hostage to the Devil*, Malachi Martin considera la «caída» de Satanás y sus legiones de ángeles como un inexorable e imperdonable acto de conciencia que ni el propio Dios puede rectificar. Según este autor, los ángeles caídos se han condenado a sí mismos sin remedio, y su voluntad está definitivamente distorsionada. El amor que hubo en ellos se ha convertido en odio y es irrecuperable. Mientras que Dios representa la vida, la luz, la esperanza, la alegría y la armonía, los ángeles caídos están entregados a la destrucción, el caos, la desesperanza, el miedo y la culpa. Tales son los poderes mediante los cuales las fuerzas de la oscuridad, Satanás, actúan en el mundo material.

En su exploración del mal, la posesión demoníaca y el exorcismo, Martin transmite la impresión de que, así como existen poderosos ángeles del bien y de la luz que ayudan a traer a nuestro mundo la conciencia del amor, la majestad y la belleza de Dios, también existen, en el polo opuesto, unos demonios que comunican odio, egoísmo, prejuicios y confusión. Resulta difícil poner en duda la realidad de los ángeles malévolos después de leer su exhaustivo libro dedicado al tema de lo demoníaco. Si bien existen muchos tipos de entidades malignas, demonios y ángeles caídos, Martin afirma que todos ellos son atributos de la única fuente del mal: Satanás.

Las lecturas de Cayce reflejan la creencia de que las almas tienen siempre libertad para elegir entre el mal o el bien. Dios no concibió a sus criaturas como autómatas dispuestos a seguir ciegamente sus órdenes, sino que deseó que fueran seres dotados de libre albedrío, capaces de *elegir* su unión con Él. En muchos casos, las lecturas subrayan que Dios no quiere que ningún alma perezca o se pierda, sino que ha preparado una vía de escape para cada tentación. Nuestra débil voluntad hace que siempre podamos sucumbir a tales tentaciones y caer bajo la esfera de las influencias malignas. Por otro lado, siempre está a disposición nuestra la ayuda de los grandes ángeles y arcángeles: una promesa divina, como indica la Biblia. «Porque él ordenará que sus ángeles te cuiden en todos tus caminos. Con sus propias manos te levantarán para que no tropieces con piedra alguna» (Salmos 91:11-12). El factor decisivo lo constituye el grado en que *creamos* en esta promesa. Si alcanzamos un punto de desesperación en el que dejamos de oír la voz de la intuición —cuando, por ejemplo, nos declaramos vencidos debido a circunstancias materiales—, en ese caso nos aislamos a nosotros mismos de la ayuda y esperanza que emanan del reino de los ángeles.

Una de las ideas más tranquilizadoras que nos ofrece la Biblia —y que las lecturas de Cayce repiten una y otra vez— es que *siempre* estamos en la presencia de Dios, independientemente de la distracción que supongan para nosotros las preocupaciones del mundo. Ahora bien, para que Dios y sus ángeles acudan a nuestra ayuda, es preciso que apelemos a ellos por voluntad propia. Dios no puede intervenir si no se le llama o invita. Por ejemplo, las injusticias causadas por la humanidad a sus hermanos y hermanas no tienen nada que ver con lo que Dios desea para nosotros. Dios nos otorgó un regalo supremo: su propia capacidad para crear cuanto Él desee. Esto representa, en verdad, una espada de doble filo, sobre todo cuando elegimos ser diabólicos unos con otros. Creamos nuestras propias adversidades actuando conforme a la ley del karma: lo que enviamos al exterior vuelve a nosotros, multiplicado por cien en ocasiones.

Se tiene la noción equivocada de que Dios distribuye karma, observando y esperando una oportunidad para golpear a las almas desobedientes. Por el contrario, la adversidad de la humanidad se convierte en la oportunidad de Dios. Las personas atraviesan pruebas y tribulaciones con el fin específico de aprender a contar con el Dios invisible. Sin embargo, Él no puede detener lo que la humanidad ha decidido por voluntad propia. Cuando Dios dotó al alma de libre albedrío, le dio un instrumento muy poderoso: podemos usar nuestra voluntad *a elección nuestra* para vivir una vida en armonía con Dios, o bien podemos utilizar esta potente facultad para causar estragos y destrucción.

Las lecturas de Cayce indican que Dios Padre *echa de menos* a las almas que eligen la experiencia individual olvidando a la conciencia divina. Nos espera, nos vigila y, cuando es necesario, hace posible la intervención de sus ángeles, que acuden para recordarnos a quién pertenecemos. Lo cuestión principal es si prestamos atención o no a las pistas que éstos nos proveen: nuestro leal Dios nos está llamando con amor para que regresemos al reino de su conciencia universal.

Dios y las atrocidades del mundo

¿Cuántas veces hemos oído esta pregunta relativa al Holocausto: *¿Cómo permitiría Dios que ocurriera una cosa semejante?* Dios no tiene nada que ver con tales atrocidades. Debido a que nos dio libre albedrío, ni el propio Dios puede detener aquello que elegimos hacernos unos a otros. En una época en la que la humanidad ha jurado no volver a permitir que se produzca otro Holocausto, observamos pruebas de «limpieza étnica» en Ruanda, Bosnia y Serbia, razas, tribus y nacionalidades torturadas y asesinadas de forma sistemática. En casos así, comprendemos lo que Cayce dio a entender cuando afirmó que el anticristo puede apoderarse de individuos, grupos, organizaciones —incluso naciones—. Parece obvio que los líderes que abogan por el odio, el prejuicio y el genocidio pertenecen a la liga de los ángeles caídos.

Una poderosa alma llamada Adolf Hitler parecía disponer de todas las bendiciones del propio Satanás para tratar de llevar a cabo su maligna visión —conocida como «la solución final»— de exterminar a los judíos durante la Segunda Guerra Mundial. El poder para ordenar asesinatos a cientos de miles de Nazis era, en verdad, un poder malévolo que emanaba de los propios reinos del infierno. Sin embargo, en algunos relatos de esta tragedia, se percibe una luz divina incluso en la noche más sombría. Trabajando como médico al final de la Segunda Guerra Mundial en la liberación de los campos de concentración, George Ritchie, autor de *Return from Tomorrow,* encontró muestras de amor en medio del odio. Descubrió algo que ni siquiera los ángeles caídos más malévolos pudieron tocar.

El doctor Ritchie prestó atención médica a los internos de un campo de concentración en las cercanías de Wuppertal, Polonia, después de que Alemania se rindiera a los Aliados en 1945. Uno de tales pacientes ayudó a Ritchie a tratar a prisioneros del campo que estaban muriendo de hambre. Parecía que «el loco Bill», como lo llamó Ritchie, había llegado recientemente al campo, antes de la rendición de Alemania. Daba muestras de buena salud, optimismo y buen humor. Bill siempre tenía tiempo para auxiliar a por lo menos un interno más al final de un largo día de trabajo. Manifestaba una energía sin límites. Representó un apoyo valioso para Ritchie y el resto del equipo médico a la hora de ayudar a los ex prisioneros a encontrar a sus familias, realizando traducciones y trámites burocráticos. El doctor Ritchie no daba crédito cuando se enteró de que Bill había estado en el campo de concentración ¡desde 1939! Ritchie escribió lo siguiente, en su libro *Return from Tomorrow:*

> Durante seis años él [Bill] había seguido la misma dieta de inanición que los demás, había dormido en los mismos barracones, faltos de aire y plagados de gérmenes, pero no mostraba el más mínimo deterioro físico o mental. Aún más asombroso, quizás, era que todos los grupos del campo lo consideraran como un amigo [...]. Hasta que no llevaba varias semanas en Wuppertal no me di

cuenta de lo insólito que esto resultaba en un recinto en el que las distintas nacionalidades de prisioneros se odiaban entre sí casi tanto como odiaban a los alemanes[11].

Ritchie creía que el secreto de la supervivencia de Bill era el amor. Frente a la gran persecución y al odio de los alemanes, Bill cultivó el amor y el perdón. Según Ritchie, Bill procedía del barrio judío de Varsovia, donde vivía con su esposa, dos hijas y tres hijos pequeños.

«Cuando los alemanes llegaron a nuestra calle», contó Bill, «nos pusieron a todos en línea contra un muro y dispararon las ametralladoras. Supliqué que se me permitiera morir junto a mi familia, pero como hablaba alemán me llevaron a un campo de trabajo forzado [....] en ese preciso momento, tuve que decidir [...] si me iba a consentir a mí mismo odiar a los soldados que habían hecho esto. En realidad, la decisión me resultó fácil. Yo era abogado. En mi práctica había visto demasiadas veces lo que el odio hace de la mente y el cuerpo de las personas. El odio acababa de matar a las seis personas que más amaba en el mundo. Decidí entonces que dedicaría el resto de mi vida —ya fuera unos cuantos días o muchos años— a mostrar amor a todas las personas con las que tuviera contacto». Mostrar amor a todas las personas, [...] en ello estaba el poder que había mantenido a un hombre en medio de todas las privaciones[12].

Bill *eligió* no odiar a quienes lo habían atormentado. Comprendió que el mal que había matado a su familia se nutría precisamente del odio. Si él hubiera reaccionado del mismo modo con los alemanes, se habría creado un pacto maléfico y habría proseguido la cadena del odio. Gracias a su capacidad de amar, Bill ascendió de la oscuridad hasta la luz, liberándose a sí mismo. Al hacerlo, no sólo sobrevivió al Holocausto, sino que conservó milagrosamente la salud. ¿Cómo? Eligiendo el amor, abrió un cauce o vía a través del cual lo Divino pudo ayudarle. Cuando se odia, no se dispone de ningún cauce de luz, de intervención o ayuda divina. Únicamente se tiene acceso a más influencias malignas que se perpetúan y florecen en tales emociones. El amor rompe la cadena de poder de los ángeles de las tinieblas. Edgar Cayce dijo en una ocasión que era fácil querer a los amigos; el auténtico desafío es querer al enemigo, a las personas que nos hieren, traicionan o engañan. Las lecturas llegaron a afirmar que, mientras no lleguemos a ver a Cristo en la persona más vil, no habremos empezado a crecer espiritualmente. Éste es un auténtico desafío para todos nosotros.

La batalla entre el bien y el mal

De acuerdo con una fuente de sabiduría, cuyo origen ya no es conocido, un millar de almas de la oscuridad no tienen el poder de tan siquiera un alma de la luz. Observando la vida y muerte de Jesús de Nazaret, apreciamos que su crucifixión fue obra de un esfuerzo masivo de maldad. Aun así, esa maldad no se apoderó de Él en los grilletes de la muerte porque Jesús *amó a los que le odiaban.* Frente a los que le habían traicionado, Jesús llegó a pedir a Dios que los perdonara; que los perdonara porque, de haber sabido realmente lo que hacían, no lo habrían hecho. Los perdonó como se perdona a un niño maleducado. Visto así, el mal es ignorancia y desconocimiento; es —como Cayce decía—: bondad mal aplicada. Tal vez la redención del mal implique tan sólo despertar a la verdad espiritual.

En la época actual, no tenemos que buscar muy lejos para percibir los efectos del mal en nuestra sociedad. Si existe un *modus operandi* de Satanás y sus ángeles caídos, se trata del espíritu del odio. Sin duda la más devastadora de cuantas actitudes y emociones experimentamos en la vida, el odio destruye, condena, se venga a sí mismo, promueve la ignorancia y se alimenta del miedo. Se ha convertido en algo tan prominente en nuestra sociedad actual que nuestras agencias de noticias han acuñado una nueva y oscura expresión: «delitos por odio». El odio florece donde hay ignorancia, prejuicio y temor. Como señaló Cayce, las oscuras actividades angélicas de Satanás pueden llegar a poseer a individuos y grupos, y enfrentar entre sí razas, religiones y sexos.

Las lecturas ponen de manifiesto que la acción de Satanás representó una de las razones principales por las que Cristo vino en cuerpo a la tierra:

> Así podemos ver y comprender por qué era necesario que Él, el Hijo, el Hacedor, el Creador, viniera a los suyos; a los que, en su ceguera, egoísmo, odio y despecho, han atraído y siguen atrayendo esas influencias que impiden al corazón del hombre buscar el camino[13].

Cristo se encarnó para poner de manifiesto en nuestro mundo una presencia, un poder, un amor capaces de vencer cualquier acto o manifestación del mal. Según lo percibía Cayce, el destino de Satanás y de sus ángeles caídos era encontrar finalmente el camino de regreso hacia su Creador, por medio de luz y comprensión. Esta visión está radicalmente opuesta a la idea según la cual el mal no se puede cambiar ni redimir.

De acuerdo con la tradición bíblica, hubo sin embargo un tiempo durante el cual Satanás no era un adversario acérrimo de Dios, sino un aliado. En el Libro de Job, Dios entabla un diálogo con Satanás, que se había presentado ante Él y «los hijos de Dios» (el primer orden de almas creadas que mantuvieron la armonía con Dios; véase el capítulo 7), y Satanás le dice que ha estado «recorriendo la tierra de un extremo a otro». Según la narración bíblica, Dios da fe de la pureza de Job y apuesta que nunca renegará de Él. En una extraña especie de partida de ajedrez, Dios acepta que Satanás realice la prueba de fe que desee elegir, con tal de no hacerle ningún daño al propio Job. Es interesante observar que, mientras

Dios y Satanás resuelven su apuesta con respecto a Job, Dios dice a Satanás: «[...] Todas sus [Job] posesiones están en tus manos [...]» (1:12). Satanás causa entonces grandes estragos, matando a los sirvientes, destruyendo el hogar de Job y robando su ganado. Pero Job no reniega de Dios.

El Libro de Job indica que los ángeles y arcángeles, «los hijos de Dios», se entregaron durante un tiempo a actividades creativas y regresaron después a Dios para informarle de sus actos. Por ejemplo, después de la primera prueba de Job a cargo de Satanás, la Biblia dice: «Llegó el día en que los ángeles debían hacer acto de presencia ante el Señor, y con ellos llegó también Satanás para presentarse ante el Señor» (2:1). Es razonable deducir que Satanás seguía estando en gracia con Dios en esa época. «[...] presentarse ante el Señor» no indica que Satanás estuviera desterrado a la oscuridad total o que odiara a Dios. Satanás estaba actuando como un «adversario», como un maestro severo de Job bajo la dirección de Dios.

Más adelante, en el Libro de Job, Dios parece incluso retar a Satanás a probar aún más a su siervo: «¿Te has puesto a pensar en mi siervo Job? [...] No hay en la tierra nadie como él; es un hombre recto e intachable, que me honra y vive apartado del mal. Y aunque tú me incitaste contra él para arruinarlo sin motivo, ¡todavía mantiene firme su integridad!» (2:3). Satanás parece encogerse de hombros y anuncia que el hombre amenazado siempre reniega de Dios cuando se trata de salvar su vida.

Dios vuelve al duelo de ajedrez: «Muy bien —dijo El Señor a Satanás— Job está en tus manos. Eso sí, respeta su vida» (2:6). Así que Satanás hace lo que mejor sabe hacer: destrozar la vida de Job y provocarle una terrible enfermedad de la piel hasta que Job maldice el día en que nació. Pierde a su familia, pierde la salud y todo lo que apreciaba en la vida, pero no llega a hablar mal de Dios ni a renegar de Él. En la última parte del Libro de Job, Dios le otorga el doble de lo que había perdido.

Las lecturas de Cayce indican que todas las almas serán sometidas a pruebas para que puedan merecer participar de nuevo en la creación junto a Dios. Como parte de tales pruebas, figura la renuncia voluntaria a todo aquello que aborrece el amor, la paz y la armonía. ¿Cómo podríamos optar por el amor, la paz y la armonía sin enfrentarnos también a sus opuestos en el transcurso de la vida? Cada día es una oportunidad para elegir si vamos a servir a la fuente del bien, o a la del mal.

Resulta interesante apuntar que Edgar Cayce llamó tiempos de pruebas y crisis a los años comprendidos entre 1958 y 1998. Durante esa época, todas las almas habrían de enfrentarse a circunstancias que pondrían a prueba la fe, la paciencia, la resistencia, el perdón y el amor. El citado período tiene particular relevancia porque representa una especie de «examen final» cósmico, tras el cual habría de comenzar la llamada nueva era de Acuario.

Conforme a las lecturas de Cayce, no ha habido nunca en la historia de la tierra una época con tantas oportunidades como la nuestra para el desarrollo de las almas. Parte de este desarrollo tiene que ver con la lucha entre nuestras fuerzas interiores del bien y del mal, y con la elección de una u otra. Como hemos visto, se están multiplicando las experiencias angélicas personales, lo cual es sintomático de las posibilidades de ascenso que existen para la conciencia humana. ¿Debe acaso asombrarnos que hoy día haya más almas en la tierra que en ninguna época anterior de la historia? Las lecturas de Cayce afirman que las oportunidades de crecimiento y desarrollo del alma que se producirían durante ese período de cuarenta años no volverán a vivirse en millares de años.

La importancia del desarrollo radica en el *espíritu* con que hacemos lo que hacemos en la vida. Si no despertamos a las posibilidades de crecimiento que llaman a nuestra puerta, corremos el riesgo de caer en las profundidades de la confusión, el miedo, el remordimiento y la desesperanza. Aunque tal vez no nos percatemos de ello, si abandonamos la esperanza, abrazamos de hecho la oscuridad y los ángeles que la acompañan. Así como existen ángeles de luz, amor, paz y armonía, también existen los demonios de la disputa, la controversia, el miedo y el pesar. Atraemos tales influencias a nuestro alrededor, no sólo mediante nuestros actos, sino también mediante nuestros pensamientos y sentimientos.

La seducción del engaño: el mal en la vida cotidiana

C.S. Lewis, el teólogo de Cambridge, escribió que corremos más peligro por culpa de los *demonios* que por culpa del Diablo. Lewis veía el estado de caída de los ángeles oscuros, no en el reino del infierno, el fuego y el azufre, sino en las oficinas bien iluminadas de figuras políticas perversas:

> El mayor mal [...] no se hace siquiera en los campos de concentración o de trabajos forzados [...]. Se concibe y ordena [...] en oficinas limpias, alfombradas, climatizadas y bien iluminadas, y es obra de hombres callados con corbatas de seda, uñas bien cuidadas y mejillas bien afeitadas que no necesitan levantar la voz [...]. Mi símbolo del Infierno es algo así como la burocracia de un estado policial o las oficinas de un negocio completamente corrupto [...]. Los ángeles malos son, como los hombres malos, absolutamente prácticos[14].

Esta perspectiva nos permite apreciar por qué permanecen invisibles, sin el aspecto exterior de un demonio, muchas de las influencias malévolas. Las actividades de Satanás y sus demonios resultan engañosas por cuanto se ejercen *a través de* individuos, grupos y organizaciones. El arte de épocas anteriores representó a Satanás como un bello seductor con rostro de querubín. Cuando se contemplan estos hermosos cuadros, de Rafael por ejemplo, se experimenta un sentimiento momentáneo de irrealidad. Nos esperamos a que el Malvado aparezca con las imágenes de nuestra peor pesadilla. Si las personas malas tuvieran un semblante con lengua bifurcada, además de cuernos y rabo, ¿cuánta influencia podrían ejercer en los asuntos de la humanidad? No mucha. Reconoceríamos de inmediato a los ángeles caídos. Antes bien, tomamos conciencia de la naturaleza del mal a través de hechos, motivos y actos. Como dijo Jesús: «Así que por sus frutos los conocerán» (Mateo 7:20). Y, sin embargo, aquellos que cometen los actos más malignos llevan dentro de sí el potencial para hacer el bien. Aunque el patrón original de divinidad que Dios nos otorgó al principio permanece inalterado, puede —a nuestra elección— ser cubierto con la depravada naturaleza del mal.

Hugh Lynn Cayce quiso saber a través de su padre cómo es posible que todo proceda de una Fuente divina única y, aun así, el mal se manifieste en nuestro mundo. «Con relación a la unicidad de toda fuerza», preguntó Hugh Lynn, «explícanos el concepto popular del Demonio, aparentemente corroborado en la Biblia por numerosos pasajes de las Escrituras».

Cayce respondió bajo trance:

> Al principio, están los seres celestiales. Tenemos primero al Hijo [Cristo] y después a los demás hijos o seres celestiales [ángeles] que reciben su fuerza y poder. Por tanto, esa fuerza que se rebeló en las fuerzas invisibles (o en el espíritu) y que empezó a actuar, fue esa misma influencia que se ha llamado Satanás, el Demonio, la Serpiente; todas ellas no son sino una: *¡La rebelión!* Por tanto, cuando el hombre se rebela en cualquier actividad contra las influencias del bien, escucha la influencia del mal en lugar de la del bien. [...] El mal es rebelión. El bien es el Hijo de la vida, de la luz y de la verdad; y el Hijo de la luz, de la vida y de la verdad se encarnó físicamente para demostrar, enseñar y dirigir el ascenso del hombre al poder del bien sobre el mal en un mundo material[15].

Esta lectura da a entender que, siempre que las personas van en contra del bien o tratan de engañar, abren un cauce a través del cual las fuerzas de Satanás pueden influir sobre el mundo material. La lucha original de los ángeles de la luz contra los ángeles de las tinieblas se sigue librando actualmente en el campo de batalla de la psique humana. Todo cuanto ocurrió en los reinos espirituales de la conciencia tiene su huella grabada en nuestras almas. En cuanto somos réplicas en miniatura del universo espiritual, también incorporamos en nosotros las actividades que se desarrollaron en los reinos invisibles. La lucha entre Miguel y Lucifer es hoy día la lucha interior del altruismo contra el egoísmo. Esta lucha es tan antigua como la presencia de las almas en la tierra.

La caída de los ángeles: una breve recapitulación

El antiguo *Libro de Enoc,* que durante un tiempo formó parte de nuestra Biblia, describe con detalle a los ángeles dominantes que traen el bien y el mal a los asuntos de la humanidad. Llama la atención, en la citada obra, que tales ángeles no sean seres celestiales en absoluto. Vinieron a la tierra con cuerpos físicos, procrearon, provocaron guerras y disensión. A los primeros líderes de la iglesia les resultaba muy difícil aceptar que algunos ángeles podían estar, de hecho, viviendo en el mundo. El libro se terminó denunciando y prohibiendo, quedando excluido de lo que hoy es para nosotros la Biblia. Sin embargo, en 1773, el explorador escocés James Bruce encontró en Etiopía un texto del *Libro de Enoc*. Éste se llevó posteriormente a Gran Bretaña, donde un profesor de hebreo, el doctor Richard Laurence, realizó la primera traducción al inglés de la obra.

El Libro de Enoc narra el primer descenso a la tierra de los ángeles caídos. Las lecturas de Cayce relacionadas con la creación del mundo ofrecen una visión paralela a la de Enoc. Cuando la tierra alcanzó una población apreciable, los ángeles se dejaron seducir por la belleza física de las mujeres y quedaron atrapados en el mundo material por vía de la lujuria. Varias fuentes respaldan esta teoría.

Por ejemplo, John Ronner, autor de *Know Your Angels*, explicó así el punto de vista de Enoc sobre la caída de los ángeles:

> [...] algunos miembros del coro celestial observaron a las encantadoras mujeres mortales, se dejaron vencer por el deseo y profanaron su santidad teniendo relaciones sexuales. Estos actos prohibidos engendraron una raza de horribles gigantes híbridos que plagaron la tierra. Por culpa de sus violaciones, los ángeles cayeron y recibieron un terrible castigo divino[16].

El Génesis describe la caída de forma similar:

> Cuando los seres humanos comenzaron a multiplicarse sobre la tierra y tuvieron hijas, los hijos de Dios vieron que las hijas de los seres humanos eran hermosas. Entonces tomaron como mujeres a todas las que desearon. Al unirse los hijos de Dios con las hijas de los seres humanos y tener hijos con ellas, nacieron gigantes, que fueron los famosos héroes de antaño. A partir de entonces hubo gigantes en la tierra (Génesis 6:1-2, 4).

Ningún escrito se refiere a tales «gigantes» como seres humanos, sino como criaturas y bestias con rasgos humanos. Las lecturas de Cayce señalan que, en ese momento, las almas estaban entrando en la tierra bajo una diversidad de formas: centauros, cíclopes, sirenas y una multitud de monstruosas criaturas. Según las lecturas, los personajes de la mitología griega no eran ninguna ficción: antes bien, la mitología describe la historia real de los primeros intentos de las almas por penetrar en el mundo material con cuerpos imperfectos. El propósito era simple: individualidad y autoexpresión. El problema radicaba en que la tierra tenía sus propias leyes evolutivas y también estaba evolucionando hacia la perfección en los reinos vegetal, mineral y animal, de una forma muy diferente a la evolución espiritual que Dios había pensado para las almas. No obstante, en cuanto las almas se dejaron atraer por el mundo material y empezaron a mezclarse con sus elementos, hubieron de someterse a las leyes que rigen la tierra y su evolución.

Cuando las almas optaron por tomar forma y convertirse en parte del mundo, los ilimitados poderes que los ángeles habían ejercido en los reinos celestiales quedaron confinados entre los límites de la vida material. El mundo sensual fue la fuerza de atracción que trajo las almas a la tierra.

Según *El Libro de Enoc,* un ángel llamado Azazel, cuya descripción es muy similar a la de Satanás, llevó a 200 ángeles a cohabitar con los mortales que ya habían llegado a la tierra y estaban desarrollando su misión espiritual. Bajo la dirección de Azazel, los ángeles enseñaron a los mortales a fabricar espadas, cuchillos y armas de guerra; instruyeron a las mujeres en la creación y el uso de cosméticos, y les enseñaron a hacer joyas de piedras preciosas. El grupo de Azazel impartió a los seres humanos conocimientos que nunca se habían alcanzado en la tierra antes de la aparición de tales ángeles oscuros: Amiziras los instruyó en hechicería y Baraqiel les enseñó astrología.

Si bien las actividades anteriores se han generalizado en nuestros días, en los primeros tiempos representaban desarrollos prematuros: la humanidad no estaba lista todavía para el poder que emanaría de esos conocimientos. Tales tecnologías distrajeron a las almas en desarrollo. Fue como dar armas destructivas a niños pequeños a modo de juguetes. Con sus «juguetes», las almas descuidaron sus lecciones y se alborotaron, probando las nuevas y misteriosas actividades que se les había enseñado. En cualquier caso, el resultado final de la instrucción de los ángeles caídos fue desastroso: «Y entonces creció mucho la impiedad, ellos fornicaron y erraron, y llegaron a corromperse en todas las formas. Y en su aniquilación los hombres gritaron, y su clamor subió al cielo» (Enoc 8:2, 4).

Las calamidades del reino de la tierra llamaron la atención de los arcángeles Miguel, Uriel y Gabriel, quienes finalmente intervinieron y apartaron por la fuerza a los rebeldes ángeles caídos del reino de la tierra, encerrándolos en el celestial. Enoc describe con detalle su visión reveladora. Para limpiar la tierra de los actos malignos de los ángeles caídos, Dios ordenó el gran Diluvio que se describe en el Génesis.

El tiempo que transcurrió entre el advenimiento de los ángeles caídos y su eliminación final fue de muchos milenios: 200.000 años, de hecho. Las lecturas de Cayce aportan todo tipo de detalles sobre el conflicto que tuvo lugar durante ese período entre los «hijos de Belial» (los ángeles caídos) y los «Hijos de la Ley de Uno» (aquellas almas de la humanidad que vinieron a la tierra a recuperar su herencia divina original). La Biblia antigua se refiere en varias ocasiones a *Belial,* transliteración de una palabra hebrea usada para referirse a Satanás, que es la personificación de la maldad y del desorden. En el Libro del Deuteronomio, «los hijos de Belial» se descarriaron en busca de otros dioses distintos de Dios (13:13). En el Libro de Jueces, los «hijos de Belial» abusan de una mujer y la violan (19:22). En el Segundo libro de Samuel, un hombre acusa y maldice al rey David por ser un «hombre de Belial» (16:7). San Pablo alude a Belial en su Segunda Carta a los Corintios: «[...] ¿Qué tienen en común la justicia y la maldad? ¿O que comunión puede tener la luz con la oscuridad? ¿Qué armonía tiene Cristo con el diablo [literalmente: Belial]? [...] » (6:14-15).

Las actividades de los hijos de Belial se oponían a los ideales espirituales de los Hijos de la Ley de Uno. Cayce se lo planteó así en una lectura a una mujer de 29 años:

> [...] las fuerzas turbadoras se convirtieron en factores dignos de tenerse en cuenta», entre los Hijos de la Ley de Uno y los hijos de Belial. Porque ellos representaban lo que, en las experiencias presentes, se llamaría el bien y el mal, o un pensamiento y fin espirituales, y un pensamiento, deseo o fin materiales[17].

La influencia actual de los ángeles caídos

Desde los comienzos del advenimiento de la humanidad en la tierra, siempre han existido hijos de «Belial» e hijos de la «Luz». Las diferencias fundamentales entre la jerarquía angélica de Dios y los ángeles caídos de Satanás se basan en su intención, propósito y deseo. Es menos importante lo que tales seres *son* que lo que *hacen*. John Ronner escribe en *Know Your Angels:* «Según Orígenes de Alejandría, probablemente el principal erudito bíblico de la antigua iglesia cristiana, el que un ser sea un ángel, un hombre o un demonio depende de lo lejos que haya decidido apartarse de la presencia de Dios»[18].

Existe una tendencia a creer en los ángeles caídos o demonios sólo cuando se tienen noticias de embrujamientos o en casos de exorcismo. Tales manifestaciones son realmente infrecuentes y no representan un alto porcentaje de las influencias malignas en la tierra. El mal se manifiesta en una variedad de formas, así como la virtud aparece de innumerables maneras. El punto clave es que el mal y la discordia son una *elección*: los caídos sólo se encuentran en ese estado de existencia si eligen convertir habilidades creativas en habilidades destructivas. Donde hay manipulación, opresión, guerra, hambruna o control gubernamental de las creencias religiosas, allí están los ángeles caídos.

Ahora bien, una promesa contenida en las lecturas de Cayce señala que la destrucción final, provocada por quienes causan daño adrede, recaerá sobre ellos mismos. Esta es una ley implantada por un Dios misericordioso para proteger a la mayoría de almas que desean hacer el bien y evolucionar hasta su estado de partícipes en la creación de Dios. En nuestra percepción del tiempo, puede parecer que un imperio o gobierno maligno florece durante muchos años antes de su caída. Sin embargo, en la mente de Dios, no transcurre sino un día hasta que sus ángeles de la luz se encargan de subyugarlo.

7

La promesa angélica: de Adán a Jesús

Así está escrito: «El primer hombre, Adán, se convirtió en un ser viviente; el último Adán, en el Espíritu que da vida. El primer hombre era del polvo de la tierra; el segundo hombre, del cielo».
~1 Corintios 15:45, 47

La historia de Amilius

Desde un punto de vista metafísico, la Biblia entera es una extensa alegoría de nuestro largo camino espiritual de regreso al «hogar». Edgar Cayce fue un gran estudioso de la Biblia; la leyó de principio a fin durante cada año de su vida: sesenta y siete veces. Cuando no realizaba lecturas psíquicas los domingos, a Cayce le encantaba dar catequesis, y en las clases que impartía en la iglesia presbiteriana era frecuente que se anunciara: «no quedan asientos»; asistían tanto niños como adultos. Las agudas habilidades psíquicas de Cayce le permitían penetrar las verdades ocultas de la Biblia y arrojar luz sobre su significado espiritual. Sus familiares y asociados más próximos también formularon preguntas fascinantes sobre los tiempos del Génesis y la creación de la humanidad, que encontraron respuesta en las lecturas.

Más adelante, Cayce dedicó lecturas más concretas a los primeros tiempos de la creación, que describen con detalle la época que se extiende entre Adán y la vida de Jesús. Estas lecturas han ayudado a comprender la Biblia a incontables investigadores, estudiosos y teólogos, e indican que el período de preparación para la llegada de Jesús a la tierra duró en realidad *millones* de años.

Durante el gran caos de la primera época de la creación de las almas, la tierra se llenó de todas las formas imaginables de habitantes. En este remoto período, antes de la época que describe el Génesis, Satanás y sus legiones abandonaron los reinos más luminosos de los ángeles y fijaron su morada en la inacabada tierra y en otros lugares. Sin embargo, nació una promesa en los reinos angélicos, según la cual todas esas almas que habían olvidado a Dios y se habían extraviado regresarían finalmente a través de un plan divinamente ingenioso.

El Génesis comienza en ese momento, que queda así establecido como el principio de todos los tiempos: «La tierra era un caos total, las tinieblas cubrían el abismo» (1:2). Las tinieblas representan la separación de las almas con respecto a su incapacidad de percibir al Creador: una oscuridad de conciencia. Satanás y sus legiones eran la personificación de esa oscuridad. Aunque ya habían transcurrido cientos de milenios desde que las almas adoptaron identidades de su propia creación, este punto del Génesis marca el comienzo de un plan divino, el principio de un largo proceso a través del tiempo y del espacio que culminaría con el despertar de las almas durmientes. Thomas Sugrue, en el capítulo titulado «Philosophy» [Filosofía] de *There Is a River*, describió así la llegada de las almas a la tierra:

> La tierra era la expresión de una mente divina con sus propias leyes, su propio plan, su propia evolución. Ansiando sentir la belleza de los mares, de los vientos, del bosque y de las flores, las almas se mezclaron con ellos y se expresaron a través de ellos. También se juntaron con los animales y crearon, imitándolos, formas etéreas: jugaron a la creación, imitaron a Dios. Pero se trataba de un juego, una imitación que interfería con lo que ya estaba en marcha. De este modo, la corriente mental que llevaba a cabo el proyecto de la tierra fue arrastrando gradualmente a las almas en su corriente. Las almas tuvieron que seguir esa corriente, en los cuerpos que ellas mismas habían creado.
>
> Eran cuerpos extraños: mezclas de animales, un mosaico de

ideas acerca de lo que podía resultar placentero disfrutar en carne propia. Fábulas relativas a centauros, cíclopes, etc., han sobrevivido a los siglos como reliquias de esa invasión de la tierra por parte del alma[1].

Un alma en particular, muy excepcional, vio y oyó la intrincada situación de quienes habían quedado atrapados en su propia oscuridad. Esta alma, que las lecturas de Cayce llaman Amilius, había hecho cuantiosos viajes por la infinidad del universo y vivido numerosas experiencias, pero nunca había dejado la Luz ni se había visto enredada en los caminos de Satanás. Según las lecturas, fue la primera alma que, tras haber arriesgado alejarse del seno divino, *regresó* ante la presencia consciente de Dios.

Viendo las calamidades de las almas terrenales, Amilius prometió a Dios que viajaría con ellas para comprender plenamente su estado individualizado de conciencia en el mundo material, y para ayudarlas a recordar sus orígenes divinos. Amilius prometió liderar el camino para liberar a las almas de las distracciones materiales que habían impuesto los poderes y los ángeles de las tinieblas. Descendería gradualmente a las profundidades de la vida material y dirigiría la larga senda del regreso a la armonía, al cielo de la conciencia de Dios. Esta senda era la única vía capaz de encaminar de nuevo a las almas compañeras hacia el recuerdo de su herencia divina. Y Amilius sólo podría conseguirlo convirtiéndose él también en un alma olvidadiza. Una misión realmente noble y dominada por el amor.

Se trataba de un gran proyecto, y Amilius recibió la bendición de los guardianes celestiales, de los arcángeles y del propio Creador, así como la divina promesa de que no recorrería este camino en soledad. Los hijos y las hijas de Dios —144.000 de entre ellos— también ayudarían a Amilius a hacerse mortal. Viajarían con él a los reinos terrenales y participarían en la noble misión de despertar a las almas durmientes que estaban vivas en deseo, pero dormidas en espíritu. La tarea no resultaría fácil, ni para Amilius ni para los demás seres que iban a vestirse de trajes mortales, pues estarían sujetos a las leyes terrenales de la evolución y tendrían que aprender algunas lecciones con suma lentitud. Si los nobles hijos e hijas de Dios dispuestos a adoptar la forma de cuerpos carnales se enamoraban de la sensualidad del mundo material, podían dejarse fascinar ellos también por las cosas del mundo, lo cual requeriría milenios para ser rectificado. Aun así, esta consideración se incluyó en el proyecto de redención, porque si estas almas cedían al olvido, dispondrían de la dirección íntima de los ángeles y arcángeles superiores que nunca abandonaron la presencia de Dios y que, en cada desvío del mundo material, les recordarían su misión original.

Hasta que se completara la misión, hasta que regresaran todas las almas que habían olvidado a Dios, los ángeles se mantendrían desde las alturas en eterna vigilancia, guardando y dirigiendo, no sólo a las almas individuales, sino también a grupos, naciones y razas. Cada ángel tendría su función particular para ayudar a las almas que todavía recordaban a Dios, así como a las que lo habían olvidado. Los ángeles cumplirían el papel de mensajeros de las almas encarnadas, y para transmitir sus mensajes harían uso de apariciones, sueños y visiones, augurios y presagios.

La creación de la humanidad

Para que Amilius entrara en la tierra, tendría que crear para sí un nuevo tipo de cuerpo que no fuera como las monstruosas creaciones que los seres caídos habían hecho para sí mismos. Este vehículo, que llevaría su alma a la tierra, tendría su origen en la propia mente de Dios: sería un cuerpo compuesto de todos los elementos del reino terrenal pero dotado de un sistema espiritual de circuitos que le permitiera seguir en contacto con los reinos de Dios y los ángeles. Por tanto, este nuevo ser participaría de la materialidad y a la vez de Dios. Contendría tierra y espíritu: una armonía nunca alcanzada hasta entonces. Sería una obra de arte suprema y divina, creada desde los reinos más elevados de Dios, porque Él añoraba el regreso al hogar de todas las almas descarriadas. De este modo, las almas podrían desarrollarse y crecer espiritualmente en la tierra, atrayendo a la vez un sinfín de talentos y una creatividad ilimitada, originados en los reinos espirituales de los ángeles.

Dios actuó a través de Amilius para crear gradualmente, en los reinos del espíritu, un diseño para este nuevo cuerpo. Cuando el patrón del cuerpo estuvo casi acabado, se crearon siete centros o circuitos espirituales. Tales centros permitirían al alma sintonizar con los reinos superiores de la jerarquía celestial y, desde éstos, recibir creatividad, talentos, inspiración y orientación divina durante su vida en la tierra. (Véase la figura 2.)

Estos centros, que en sánscrito se denominan *chakras*, crearon una unión perfecta entre el mundo material y el del espíritu. Todos los elementos de los reinos terrenales y celestiales estaban contenidos dentro del cuerpo que albergaba al alma. Los cuatro chakras inferiores se correspondían con los cuatro elementos del fuego, el agua, la tierra y el aire. Los tres centros superiores estaban relacionados con los reinos superiores de Dios: el Espíritu Creador, el Espíritu Hijo y el Espíritu Santo. Este mismo patrón, grabado en la conciencia espiritual del cuerpo etéreo, aseguraba que el alma nunca perdería la sintonía con lo Divino, mientras no eligiera desligarse del conocimiento superior —lo cual seguiría siendo posible porque el alma conservaría y expresaría su libre albedrío en la tierra—.

El caos que resultó cuando las almas quedaron atrapadas en los antiguos cuerpos imperfectos y monstruosos fue a cause de los deseos sensuales que las habían apartado de la comunión con Dios. Sin embargo, en este nuevo cuerpo, el alma seguiría estando muy próxima al recuerdo de su propósito divino por medio de

LOS SIETE CENTROS ESPIRITUALES

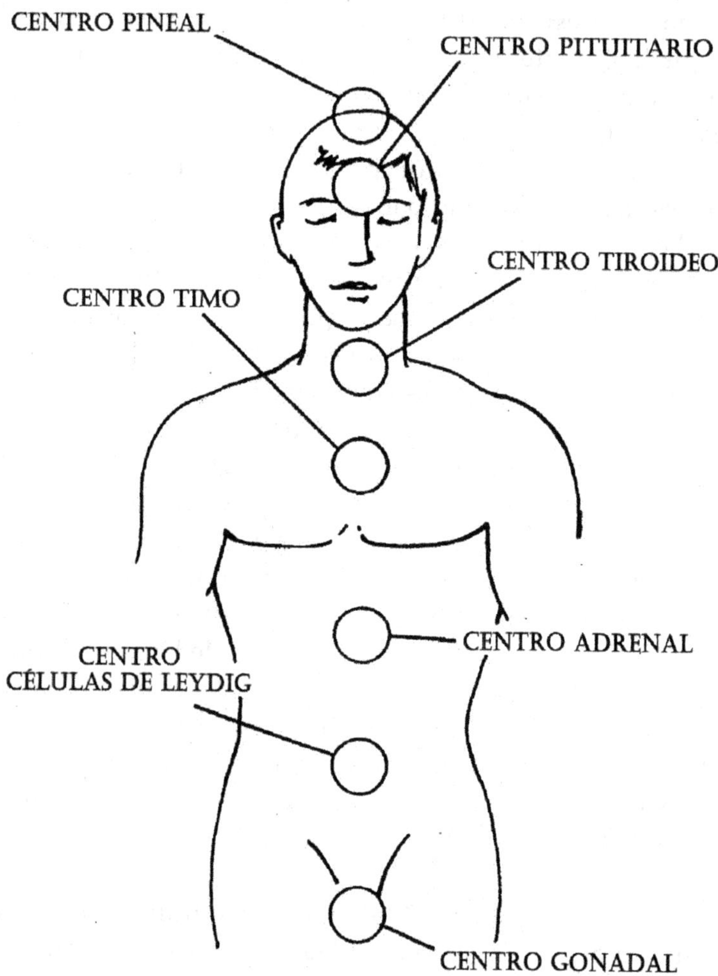

Figura 2

sus centros espirituales internos.

Así como Dios existía en una trinidad de conciencia, así también el nuevo ser humano de la tierra tendría cuerpo, mente y espíritu. Cada uno de estos tres elementos cumpliría funciones separadas, pero estaría contenido en el mismo cuerpo único. La réplica de la trinidad sería de esta manera: En primer lugar, el *alma* sería la fuente de todo conocimiento y actividad espiritual en la tierra. En segundo lugar, la *mente* se apoyaría en el alma para crear circunstancias por medio del poder del pensamiento. Esto era un atributo muy sofisticado, ya que la mente podría traer al mundo material cualquier cosa en la que eligiera concentrarse. Y, sin embargo, por encima del alma estaba la conciencia *perfecta* de Dios —lo que las lecturas llamaban *Conciencia Crística*—, aunque la voluntad tendría que despertarla continuamente mediante la meditación y la oración. El alma podría entonces inspirarse en la Divinidad misma, y ponerla en acción en la tierra. En tercer y último lugar, estaría el propio *cuerpo físico*, el nuevo vehículo con el que se realizaría la misión del alma y de la mente.

Esta nueva raza de seres traería a la tierra los poderes del cielo. El reino animal ya existía mucho antes de la llegada de los seres humanos, y sin embargo los animales no poseían la capacidad de elegir. Eran inferiores a la nueva raza que estaba a punto de nacer, ya que las almas de la humanidad tendrían consigo los poderes del libre albedrío y la elección. La nueva raza física siempre tomaría su sustento mental y espiritual de los reinos invisibles de los ángeles.

Amilius había completado al fin el diseño de un cuerpo dotado de alma, que sería un cauce por el que las entidades podrían redimir el mundo material. Fue un momento glorioso: el comienzo del viaje hacia el recuerdo divino. La Biblia describe este acontecimiento como el auténtico principio del mundo: «mientras cantaban a coro las estrellas matutinas y todos los [hijos de Dios] gritaban de alegría» (Job 38:7). Las estrellas matutinas eran los ángeles que celebraban que se hubiera preparado un camino para que el resto de la familia celestial pudiera regresar al redil de Dios. La vigilante participación de los ángeles permanecería siempre ahí, tal como fue prometido. Los ángeles siempre estarían ahí para esperar, inspirar, despertar y dirigir, en todos los momentos cruciales del desarrollo de la humanidad.

La entidad (o alma) conocida como Amilius en los reinos espirituales recibiría el nombre de Adán en cuerpo humano, y su llegada a la tierra fue gloriosa, porque con él nació una esperanza que tomó forma de un ser físico, un líder y un revelador de caminos. De acuerdo con la promesa, no viajó a la tierra solo. Las lecturas de Cayce confirman que 144.000 almas siguieron el diseño de Adán y crearon los cuerpos humanoides que hoy ocupamos, naciendo con ello las razas. Éstas eran *razas nuevas*, sin los apéndices monstruosos de las así llamadas criaturas mitológicas, y se reproducirían únicamente dentro de su especie. Aunque las monstruosidades creadas por las almas caídas tardarían cientos de miles de años en extinguirse, todas las almas caídas terminarían por encarnarse en la tierra conforme al diseño del cuerpo de Adán, moldeado por Dios para Amilius.

Al moldear el cuerpo de Adán en la tierra, era necesario que dispusiera de su equivalente femenino. Para ello, según las lecturas, Adán entró en profunda meditación y viajó, en estado extracorpóreo, hasta los reinos donde se estaba produciendo la creación espiritual: los reinos de los ángeles. Allí, bajo la dirección de Dios, el alma de Adán se dividió en dos. La Eva creada de la «costilla de Adán» según el Génesis se refiere, en realidad, al *lado* femenino de su alma manifestándose como un individuo. En hebreo, «costilla» y «lado» se expresan con el mismo término. Edgar Cayce explicó con más detalle tal manifestación única de lo masculino y lo femenino en una de sus lecciones sobre la Biblia:

> [...] Dios creó primero al hombre y a la mujer como uno solo, en

> *espíritu*. Después creó un cuerpo masculino y femenino a la vez. A medida que la mente fue tomando conciencia de su dualidad material, fue preciso que la fuerza positiva y negativa fuera separada en dos fuerzas distintas, pero capaces de cooperar entre sí[2].

Las demás almas hicieron lo mismo, y los cuerpos del hombre y de la mujer fueron creados en la tierra. Esa magnífica creación vio el advenimiento de las cinco razas en los cinco continentes principales: la raza negra, la blanca, la amarilla, la roja y la marrón (o café). Cada alma experimentaría —a través de cientos de millones de años en la tierra— el desarrollo de cada raza. Mientras Adán y Eva nacían en el Jardín del Edén, cientos de miles de hijos e hijas de Dios también se estaban manifestando en otros lugares de la tierra.

Las vidas del alma maestra

La misión de Amilius no podía completarse con una única aparición en la tierra. Puesto que había asumido la evolución de la tierra, tenía que pasar por todas las fases de la experiencia humana y evolucionar hacia la perfección. Lo conseguiría viviendo numerosas vidas sucesivas. Por ser el primer ser de los reinos espirituales que había logrado convertirse en perfecto compañero de Dios, también sería la primera alma de los reinos terrenales que perfeccionaría la vida humana y traería los poderes de Dios desde lo invisible hasta lo *visible*.

Según las lecturas de Cayce, Amilius viene desempeñando su papel desde que la humanidad inició su vida en la tierra hace cientos de milenios. En el papel de Adán (el cuerpo), Amilius (el alma) se dejó subyugar por los apetitos y tentaciones terrenales. Muchos se preguntarán: *Si él era un líder, un revelador de caminos para el resto de la humanidad, ¿por qué cedió a la tentación y tuvo que ser desterrado del Jardín del Edén?* Para que Adán pudiera ser líder, tenía que experimentar todas las tentaciones y debilidades de las almas que se habían extraviado. Su experiencia cumplía un propósito.

De acuerdo con Cayce, Adán *se dejó* arrastrar a formas de actuar egoístas. Sólo así podía comprender la experiencia de las almas caídas, él que tan plenamente conocía las consecuencias de la oscuridad. Cayce describió las numerosas reencarnaciones de Amilius, ofreciendo un asombroso relato de sus apariciones en la tierra:

> Tomen nota de que [Amilius] es la misma entidad que ya se ha mencionado, que bajo el nombre de Josué, fue el portavoz del Moisés que dictó la ley. Y también [fue] el alma-entidad que nació en Belén [Jesús], el alma-entidad que, en aquellos momentos de la fuerza, y a la vez debilidad, de Jacob en su amor por Raquel, fue su hijo primogénito José. Se trata de la misma entidad, y esta entidad fue la que se manifestó al padre Abraham como el príncipe, como [Melquisedec] el sacerdote de Salén, sin padre ni madre, sin días ni años, pero sí un ser humano de carne [y huesos] que se manifestó en la tierra a partir del deseo del Padre-Dios de preparar una vía de escape para el hombre, tal como lo advirtió la misma entidad como Enoc, y ésta era también la entidad Adán. Y era [también] el espíritu de la luz[3].

A muchos les resulta difícil aceptar que el hombre al que históricamente conocemos como alma maestra —Jesús— comenzara en un principio como Adán. Y, sin embargo, Cayce subrayó una y otra vez que la vida es una experiencia continua, un proceso evolutivo por el que Dios se realiza a sí mismo a través de nosotros. El gran diseño de la perfección tarda muchos milenios en completarse. ¿En qué consiste exactamente ese gran diseño? Quedaría resumido en la cita anterior: una manifestación «en la tierra a partir del deseo del Padre-Dios de preparar una vía de escape para el hombre». Del mismo modo que añoramos a un hijo que hemos perdido o cuyo paradero desconocemos, o a un pariente cercano que desaparece, podemos hacernos una idea de la añoranza que Dios siente por las almas que no lo recuerdan conscientemente.

Una encarnación en la tierra no nos basta para realizarnos plenamente como seres espirituales. Lo que Amilius comenzó como Adán, no lo completó como Jesús hasta la fecha reciente de hace 2.000 años. La evolución divina fue consumada por un individuo: una persona cuya alma había iniciado el viaje cientos de miles —si no millones— de años antes. Ello es una prueba de la gracia de Dios, que ofrece a las almas infinitas oportunidades para alcanzar su perfección espiritual en su propia época. Esta milagrosa realidad se basa en que cada alma puede evolucionar, y evolucionará finalmente, hasta la perfección que Jesús consiguió. La siguiente cita de Cayce resume con gran acierto el propósito de la misión de toda alma en el mundo material:

> Que la entidad se *reconozca* a *sí misma* como un ser individual y como parte del Todo; no el Todo, sino una *con* el Todo; y mantener así su individualidad, sabiendo que ella misma es ella misma y, sin embargo, una con el propósito de la Primera Causa [Dios], que [de la nada] llamó a la entidad a la *existencia*, a la percepción y a la conciencia de sí misma. Ese es el propósito, esa es la causa de *existir*[4].

En ello radica la íntima relación que existe entre los seres humanos y los ángeles. Fuimos una vez *conscientes* de nuestra comunión con Dios y con los ángeles. La creación espiritual en su conjunto estaba en armonía con cada alma. La «causa de existir», conforme a la lectura anterior, indica el motivo del llamamiento, desde los reinos angélicos, a las dimensiones espirituales: porque llevamos milenios alejados, y sin la percepción consciente, de los mundos espirituales.

Los ángeles y el profeta Enoc

Una de las vidas por las que Amilius pasó para instruirse fue la del profeta Enoc. Las experiencias de esta encarnación le ayudarían mucho en otras vidas venideras, gracias a las visiones que tuvo de los ángeles que abarcan todos los aspectos de la vida terrenal. Conforme a lo narrado en el apócrifo *El Libro de Enoc,* conoció bajo este nombre a todos cuantos gobernarían las cosas materiales. En su perfección como Jesús, gobernaría Él mismo todos los elementos del cielo y de la tierra:

> Después pregunté al ángel de paz que iba conmigo y me mostraba todas las cosas que están ocultas [...]. Después vi todos los misterios de los cielos, y cómo el reino está dividido, y cómo las acciones de los hombres son pesadas en la balanza. Allí, vi la habitación de los elegidos y la morada de los santos; y mis ojos vieron a los pecadores cuando eran expulsados de allí porque rechazaron el nombre del Señor de los Espíritus. Y allí mis ojos vieron los misterios del relámpago y del trueno; y los secretos de los vientos y cómo se distribuyen para soplar sobre la tierra [...] (Enoc 40:8, 41:1-3).

Enoc describe a los ángeles que regían los movimientos de la luna, así como de sus hermanos los planetas de nuestro sistema solar. Vio a los ángeles que gobernaban la luz y las tinieblas. Vio actuar al ángel de la sabiduría y —como el doctor Rodonaia— vio la Sabiduría como una entidad divina de la que emanaban multitud de formas de iluminación para aquellas almas que aprenden a escuchar la voz de la intuición, la imaginación y los sueños. Enoc vio también el esplendor de las estrellas, que eran en realidad ángeles, y se percató de que las virtudes de toda alma de la tierra son un reflejo de las virtudes de los ángeles. La luz de las estrellas, que brillan sobre la tierra en nuestro universo, es un reflejo del resplandor del amor angélico. Esta formación mística conduciría finalmente a grandes milagros, cuando el alma, que era entonces Enoc, evolucionara hasta convertirse en el alma maestra que vivió como Jesús.

> Después vi otros relámpagos y las estrellas del cielo, y vi cómo Él las llamaba por sus nombres, y cómo ellas le escuchaban. Y vi la balanza de la justicia, y cómo ellas eran pesadas según su luz, según su anchura y según sus espacios y el día de su aparición; su revolución engendra el relámpago; y vi su revolución según el número de los ángeles, y cómo se guardan fidelidad entre ellas (Enoc 43:1-2).

Aun cuando Enoc llegó a entrever su futuro papel como Mesías, no comprendió que esta visión representaba una profecía acerca de sí mismo. El ángel que lo guiaba le prometió con dulzura que lo acabaría entendiendo:

> Pregunté al ángel que iba conmigo, diciendo: «¿Qué son estas cosas que he visto en secreto?»
>
> Él me dijo: «Todo lo que has visto servirá al poder del Mesías para que sea fuerte y poderoso sobre la tierra».
>
> Después este ángel de paz, tomando la palabra, me dijo: «Espera un poco y te serán revelados todos los misterios que rodean al Señor de los espíritus» (Enoc 52:3-5).

Resulta obvio que, durante su vida como Jesús, esta alma comprendió muchos de los secretos del universo. Así lo reflejaron los milagros que realizó en Palestina. Encontrándose en el mar con sus discípulos, una fuerte tormenta desató olas turbulentas que sacudieron la barca donde se hallaba. Jesús dio órdenes a los elementos de la tormenta, y éstos le obedecieron:

«¿Quién es éste, que hasta el viento y el mar le obedecen?» preguntaron los discípulos (Marcos 4:41).

«Éste» era un hombre a quien se había enseñado que todo puede quedar sometido a la voluntad divina si la mente se mantiene en perfecta armonía con Dios. Enoc se había iniciado en los misterios («te serán revelados todos los misterios») y, en su perfección como Jesús, se convirtió en el Maestro capaz de dominar todas las cosas del mundo material.

Según indica la Biblia, la humanidad fue creada inferior a los ángeles. Ahora bien, cuando las almas descarriadas regresen a la percepción consciente de su relación con Dios, *gobernarán* el reino de los ángeles. Jesús fue el primero en completar plenamente el camino y en recuperar la comunión consciente con Dios. Cuando Jesús ordenó a la tormenta que se calmara, la orden se dirigía en realidad a los ángeles que dominan los elementos de la tierra. Llevó a la práctica siendo Jesús la educación mística que había recibido siendo Enoc.

La cábala, o tradición mística judía, contiene una interesante teoría según la cual el ángel Metatrón había sido anteriormente Enoc en la tierra. El Talmud considera a Metatrón (que en hebreo significa «el más cercano al trono») como un enlace entre el mundo angélico y el mundo físico que tiene encomendado el sustento de la humanidad. Ello concuerda perfectamente con el papel que finalmente desempeñaría el Mesías. Si Enoc y Metatrón son el mismo, quedaría demostrado que las almas y los ángeles cambian y evolucionan en los reinos espirituales. Metatrón no permaneció con el resto de los ángeles: fue a la tierra para evolucionar, adquiriendo perfección *humana* en Cristo. Las lecturas de Cayce señalan que, entre sus diversas vidas, las almas actúan con frecuencia como guías y ángeles de la guarda para aquellas almas que siguen en la tierra. Este tema se abordará más detenidamente en el siguiente capítulo.

La literatura bíblica contiene numerosas claves que confirman que Enoc fue realmente una de las vidas de Jesús. Muchas de las afirmaciones de Jesús en el Nuevo Testamento reflejan, de hecho, los escritos de Enoc. Así, por ejemplo, Enoc dijo: «Y para los elegidos habrá luz y alegría y paz, y heredarán la tierra [...]» (Enoc 5:7). Jesús dijo: «Dichosos los humildes, porque recibirán la tierra como herencia» (Mateo 5:5). Enoc se lamenta de los ángeles caídos que eligieron desafiar a Dios: «¿Dónde estará el lugar de descanso de quienes han renegado del Señor de los espíritus? Habría sido mejor para ellos el no haber nacido» (Enoc 38:2). Asimismo, Jesús habla del gran pecado que cometería el que lo traicionara: «[...] ¡ay de aquel que lo traiciona! Más le valdría a ese hombre no haber nacido» (Mateo 26:24). Enoc afirma que aquellas almas que aspiran a seguir la ley espiritual en la tierra recobrarán finalmente su estado angélico: «[...] todos los justos y los elegidos brillarán frente a Él como el resplandor del fuego; su boca estará llena de bendición; sus labios glorificaran el nombre del Señor [...]» (Enoc 39:7). Jesús se hace eco de la misma idea en Mateo 22:30: «En la resurrección, las personas [...] serán como los ángeles que están en el cielo».

Enoc subió al cielo, como lo hizo Jesús: «Por la fe Enoc fue sacado de este mundo sin experimentar la muerte; no fue hallado porque Dios se lo llevó, pero antes de ser llevado recibió testimonio de haber agradado a Dios» (Hebreos 11:5).

Todo el *Libro de Enoc* se refiere a Enoc como «Hijo del hombre». Jesús adoptó este título en su encarnación final. «Hijo del hombre» es, en realidad, una verdad literal tanto en el caso de Enoc como en el de Jesús. Enoc perteneció a la séptima generación de descendientes de Adán, quien ha sido llamado «el primer hombre». El linaje de Jesús pertenecía a la casa de David por *ambos* lados de su familia: José y María eran ambos de esta casa, que mantenía un linaje directo con las generaciones de Adán. «Hijo del hombre» es, pues, un apelativo literal en ambos casos.

Melquisedec: el príncipe de paz

Conforme a las lecturas de Cayce, otra encarnación del alma de

Amilius fue Melquisedec, el «príncipe de paz» bíblico. Después de la vida de Enoc, Amilius regresó a la tierra de forma insólita como Melquisedec. Tras el ascenso de Enoc al término de su vida terrenal, Melquisedec reapareció en la tierra pero no nació de mujer. Aunque era un ser incorpóreo, se relacionó con la humanidad. Dada su manifestación únicamente espiritual, las almas terrenales vieron en Melquisedec a un enviado de Dios. Logró introducir un sacerdocio a través del cual se creó un linaje de los principios espirituales más elevados. Ofreció así a las almas un cauce a través del cual podrían recordar su origen divino y conseguir grandes avances en el camino de su nuevo despertar espiritual.

Melquisedec aparece por vez primera en el Génesis, que lo llama «sacerdote del Dios altísimo» (14:18). Recibió el nombre de «príncipe de paz», que también se asignó a Jesús. Una lectura de Cayce describe así la vida y las virtudes de este «príncipe de paz»:

> [...] puede establecerse un paralelismo del el reino de la iluminación espiritual de esa entidad conocida como Melquisedec, un príncipe de paz que siempre se esmera en poder bendecir a quienes en sus juicios han pretendido canalizar una influencia positiva sin buscar ningún beneficio material, ninguna gloria mental o material; sino magnificando las virtudes y minimizando los defectos en las experiencias de todos [...][5].

Incluso en el Antiguo Testamento, el profeta Isaías predijo la llegada del Mesías y lo llamó «Príncipe de paz»: «Porque nos ha nacido un niño, se nos ha concedido un hijo [...] y se le darán estos nombres: Consejero admirable, Dios fuerte, Padre eterno, Príncipe de paz» (9:6).

La Carta a los Hebreos compara a Melquisedec con el «Hijo de Dios», nombre que también recibió Jesús: «No tiene padre ni madre ni genealogía; no tiene comienzo ni fin, pero a semejanza del Hijo de Dios, permanece como sacerdote para siempre» (7:3).

Melquisedec fue un líder y un guía para las almas, aportando grandes conocimientos y talentos místicos nunca vistos en la tierra. Su función, desde que inició su andadura como Amilius, fue siempre la misma: despertar el conocimiento divino en las almas de la tierra para cumplir la promesa. El propio San Pablo traza un paralelismo que sugiere una evolución de Melquisedec a Cristo:

> Tampoco Cristo se glorificó a sí mismo haciéndose sumo sacerdote, sino que Dios le dijo: «Tú eres mi hijo, hoy mismo te he engendrado». Y en otro pasaje dice: «Tú eres sacerdote para siempre, según el orden de Melquisedec» (Hebreos 5:5-6).

Aunque vivió como un hombre terrenal a través de Adán, conservó el poder cosmológico de aparecer como Melquisedec, que «no tiene padre ni madre ni genealogía; no tiene comienzo ni fin [...]». Adoptó esta forma humana por deseo de Dios. En su bien documentada obra *Lives of the Master*, Glenn Sanderfur describe a Melquisedec como una etapa vital en el camino hacia la perfección de la humanidad, dirigida por la misma alma que se convertiría en Jesús:

> En vista de [...] la rica tradición mesiánica que hemos encontrado en torno a él, los cristianos no deberían en absoluto encontrar humillante relacionar el alma de Melquisedec con la de Jesús. Ambos individuos fueron indudablemente importantes instrumentos de Dios, y la vida de ambos marca un hito histórico en la evolución espiritual de la humanidad[6].

En su perfección final, Jesús nació como uno de nosotros, como un hermano que dejó de lado la posición de Maestro de todos, para que todos, hasta los más modestos, supieran que Dios se había manifestado como un ser humano común y corriente. Este es el gran misterio de los siglos: que Jesús, al convertirse en Cristo, *se convirtiera* en una persona común, naciendo y muriendo como tal. Tuvo su origen divino en los reinos superiores de la creación de Dios; y, sin embargo, nos siguió hasta las profundidades de la materialidad para mostrarnos que ni siquiera *la muerte* puede destruir lo que es de Dios. Jesús no esperaba veneración de las personas, sino que lo escucharan y siguieran su ejemplo, porque esta era la vía que podría conducir a las almas hasta su reunión con Dios.

Amilius, el alma maestra que inició este gran proyecto en la persona de Adán, tuvo muchas vidas como ser humano después de su vida como Melquisedec. Apareció en la tierra como Adán, Enoc y Melquisedec, sin pasar por los ciclos del nacimiento y la muerte. Aunque Adán murió al final de su vida, no tuvo nacimiento físico. Dominando a la perfección la habilidad de venir y marcharse de la esfera terrestre fuera del ciclo del nacimiento y la muerte, el alma maestra ya estaba lista para nacer y morir como el resto de la humanidad. Cada vida de Amilius contribuyó a estimular los sistemas de creencias espirituales en personas de todas las regiones del mundo. Cada una de sus vidas preparó la siguiente, acercándose cada vez más a una manifestación perfecta de Dios en la tierra. En el transcurso de este proceso, ayudó a las almas a recordar su divinidad, y les enseñó a meditar y a entrar en sintonía con lo Infinito.

En 1932, en una lectura dedicada a las vidas del alma maestra, resultaron particularmente relevantes, con relación a la evolución espiritual, la pregunta y la respuesta que se citan a continuación:

> (P:) ¿Qué función desempeñó Jesús, en cualquiera de Sus encarnaciones, para el desarrollo de las enseñanzas básicas de las siguientes religiones y filosofías? [...] budismo, [...] mahometismo, confucianismo, sintoísmo, brahmanismo, platonismo, judaísmo:
>
> (R:) Como se ha indicado, la entidad —en cuanto entidad— ha influido directa o indirectamente en todas esas formas de filosofía

o pensamiento religioso que han enseñado que Dios es Uno.

[...] Ya sea en el budismo, el mahometismo, el confucianismo, el platonismo o lo que sea: estas se han añadido a lo mucho que dijo Jesús en su paso por Galilea y Judea. En todas ellas, por consiguiente, existe el mismo espíritu incitante [...]: *Sólo existe Un* [...] *Dios*[7].

Las numerosas vidas de Jesús previas a su encarnación hace 2.000 años ofrecen un estudio de la evolución espiritual que, lejos de limitarse a una única alma, puede perfectamente aplicarse a nosotros mismos. *Nosotros* somos quienes estamos ahora en el camino que conduce a esa perfección, a ese despertar de la conciencia que nos permitirá experimentar la Conciencia Crística en nuestra propia mente. En el transcurso de los siglos, nunca se ha abandonado la promesa inicial: Amilius recibió el mandamiento de conducir de nuevo a todas las almas a su unidad con Dios. A través de numerosas vidas y experiencias, se hizo finalmente realidad en Jesús.

Los ángeles en el Antiguo Testamento

«El período que se extiende entre Adán y Noé representa la era física», dijo Cayce en una de sus lecciones sobre la Biblia. «El período que se extiende entre Noé y Jesús representa la era mental, y el período que comienza con Jesús representa la era espiritual» [8]. El Antiguo Testamento es, por tanto, el registro de la evolución física y mental de la humanidad, de su paso por una multitud de experiencias espirituales orientadas siempre hacia delante, hacia el cumplimiento de la promesa divina. La Biblia contiene numerosas pruebas de que los ángeles se han mantenido siempre vigilantes para ayudar a las almas de la tierra, como prometió Dios cuando Amilius inició su búsqueda. El Antiguo Testamento ofrece muchas referencias a las actividades de los ángeles, que actúan siempre como mensajeros de la intervención y el conocimiento divinos.

A muchos les resulta desconcertante que Dios anunciara en el Génesis, por medio de un ángel, que Abraham y Sara iban a tener un hijo en los últimos años de su vida, y que después ordenara a Abraham sacrificar a ese mismo hijo en un altar para probar su fe: «[...] Toma a tu hijo, el único que tienes y al que tanto amas, y ve a la región de Moria. Una vez allí, ofrécelo como holocausto en el monte que yo te indicaré» (22:2). Abraham se dispone a obedecer pero, en el último momento, un ángel le ordena no sacrificar a Isaac en el altar, porque se trataba de una prueba. Cayce ofreció, estando despierto, la siguiente explicación de estos hechos tan peculiares:

> El ofrecimiento de Isaac es una sombra del ofrecimiento de Su Hijo a la humanidad que Dios llevó a cabo. Isaac se salvó porque Dios detuvo la mano de Abraham y le proveyó un cordero en su lugar, que significa el futuro ofrecimiento de Cristo por los pecados del mundo. Porque, cuando Dios ofreció a su Hijo, el hombre tuvo en sus manos la oportunidad de detener ese ofrecimiento —pero el hombre no lo hizo—. Confiando plenamente en la promesa y poniendo *toda* Su confianza en el Padre, el Hijo logró vencer a la muerte[9].

Edgar Cayce supo ver con frecuencia las conexiones existentes entre el Antiguo y el Nuevo Testamento. Observó a menudo que lo que ocurre en las partes más tempranas de la Biblia son emblemas de lo que aportará el Nuevo Testamento, como demuestra el ejemplo anterior.

El Génesis contiene más descripciones de encuentros angélicos. En la última parte, Lot prepara un banquete para un grupo de ángeles y suplica a Dios que salve la corrupta ciudad de Sodoma. Su súplica fue en vano:

> Así que al amanecer los ángeles insistieron con Lot. Exclamaron: «¡Apúrate! Llévate a tu esposa y a tus dos hijas que están aquí, para

que no perezcan cuando la ciudad sea castigada». [...] «¡Escápate! No mires hacia atrás, ni te detengas en ninguna parte del valle. Huye hacia las montañas, no sea que perezcas» (19:15, 17).

Las lecturas de Cayce indicaron que uno de los ángeles a los que Lot convidó era en realidad una manifestación del espíritu de Cristo enviado por Dios como ayuda.

En nuestra época, las advertencias de los ángeles nos llegan a través de la intuición y de los sueños. En ocasiones, los mensajes se manifiestan como una voz sosegada y silenciosa que nos avisa que debemos evitar una situación o circunstancia determinada. Como muchos saben, desoír esa voz interior puede acarrear graves consecuencias. En los tiempos de Lot y Abraham, las advertencias y admoniciones de los ángeles tenían que manifestarse de forma física, debido a que no se había alcanzado un nivel de desarrollo espiritual que permitiera oír la voz interior. Ahora que nos hallamos en la cúspide de nuestra evolución espiritual, podemos escuchar esa voz interior y hacer caso a las advertencias. Las voces de los mensajeros angélicos nos siguen hablando, pero oírlas depende de lo aguda que sea nuestra intuición y de lo dispuestos que estemos a escucharla.

En el Libro de los Jueces, los ángeles intervinieron cuando los israelitas se entregaron a la corrupción. Anunciaron el nacimiento de Sansón, quien iba a ser un salvador para los justos. Este esquema se repite en toda la historia bíblica: siempre que un gran daño u opresión azotan los asuntos de la humanidad, aparece físicamente un maestro, salvador o ángel que brinda ayuda. La realidad de la intervención divina debería ocupar un lugar importante en nuestra conciencia cotidiana. Cuando nos asaltan las tinieblas y la duda, *siempre* existe una vía de ayuda divina, pero tenemos que buscarla y pedirla. Los numerosos relatos de encuentros angélicos actuales demuestran que contamos con gran ayuda en los momentos difíciles. Los abundantes testimonios de encuentros de este tipo que transmiten los libros, la televisión y la radio deberían tomarse como indicios de que alguien nos está guiando y protegiendo. Hemos de tomar conciencia de que la orientación angélica es hoy tan frecuente como en la época del Antiguo Testamento. Estamos siempre en presencia de lo Divino: sólo falta que lo reconozcamos.

En el primer Libro de los Reyes, el profeta Elías se siente atormentado por su falta de mérito y pide a Dios que le quite la vida. Huye al desierto para morir, pero un ángel lo alimenta y le da aliento (19:4-8). Elías adquiriría considerable renombre entre las generaciones futuras. Según las lecturas de Cayce, él fue quien fundó la Escuela de los Profetas, que representaría un papel decisivo para el advenimiento del Mesías y marcaría el principio de la comunidad de los esenios.

Conviene recordar que la Biblia narra la historia de *todos nosotros* en nuestra andadura por la tierra. Aquello que experimentaron los antiguos profetas y personajes bíblicos también formará parte de nuestras vivencias. Es una disciplina espiritual beneficiosa leer la Biblia y comprender que esos mismos ángeles consejeros están cerca de nosotros, como lo estaban de los profetas y de las personas de épocas remotas. Las lecturas de Cayce recomiendan con frecuencia leer la Biblia como si fuera una *historia personal,* porque es la historia de cada uno de nosotros y de nuestra lucha por superar las distracciones materiales y recuperar la unión con Dios.

Los ángeles se manifiestan de forma especial en momentos de fuerte crisis y en situaciones desesperadas. Los milagros ocurren. El papel salvador de los ángeles se hace patente en el Libro de Daniel cuando éste afirma, tras ser arrojado a un foso de leones: «Mi Dios envió a su ángel y les cerró la boca a los leones. No me han hecho ningún daño [...]» (6:22). Se tiende a pensar que los antiguos profetas vivieron este tipo de experiencias porque eran personajes «especiales» o «elegidos» de Dios. Cada uno de nosotros también ha sido elegido y es especial a los ojos de Dios. Las Fuerzas Creadoras no distinguen entre el profeta y la persona corriente. La humanidad es la única que juzga quién es «superior» o «inferior»; y ello no es sino pura ilusión.

El Libro de Daniel contiene más adelante la primera referencia al arcángel Gabriel:

> Escuché entonces una voz que desde el río Ulay gritaba: «¡Gabriel, dile a este hombre lo que significa la visión!» Cuando Gabriel se acercó al lugar donde yo estaba, me sentí aterrorizado y caí de rodillas. Pero él me dijo: «Toma en cuenta, criatura humana, que la visión tiene que ver con la hora final» (8:16-17).

Al igual que Enoc, Daniel recibió una visión del futuro. La visión se refería a la perfección final de la condición humana en la tierra y a la llegada del Mesías:

> En esa visión nocturna, vi que alguien con aspecto humano venía entre las nubes del cielo [...], y se le dio autoridad, poder y majestad. ¡Todos los pueblos, naciones y lenguas lo adoraron! ¡Su dominio es un dominio eterno, que no pasará, y su reino jamás será destruido! (7:13-14).

El reino no se refería a un *lugar* físico, sino a un estado de conciencia. Jesús dijo que el reino de los cielos está dentro de nosotros (Lucas 17:21). La profecía de Gabriel señala también que el mensaje de Jesús englobaría a «todos los pueblos, naciones y lenguas», dando a entender que la perfección de la manifestación de Cristo en la tierra abarcaría *todos* los deseos y esperanzas espirituales del mundo, incluidas las religiones. Aun cuando en tiempos de Daniel la perfección de Cristo se encontraba a miles de años, conforme a nuestra medición del tiempo, representaba un consuelo para las generaciones venideras el hecho de que la promesa no se hubiera olvidado y de que Dios siguiera, entonces y ahora, velando por las almas de la tierra.

Daniel también recibe aliento del arcángel Miguel, quien realizó una promesa angélica aplicable a todos nosotros:

> [...] Levántate, Daniel, pues he sido enviado a verte. Tú eres muy apreciado, así que presta atención a lo que voy a decirte [...]. No tengas miedo, Daniel. Tu petición fue escuchada desde el primer día en que te propusiste ganar entendimiento y humillarte ante tu Dios. En respuesta a ella estoy aquí (10:11-12).

La clave de esta cita es «te propusiste ganar entendimiento». Cuando tratamos de comprender la naturaleza espiritual de nuestra vida, lo cierto es que nuestros propios pensamientos cruzan el éter en un mensaje dirigido a las jerarquías celestiales.

Si recordamos que la fuerza del deseo hizo que nacieran los mundos, comprenderemos que todo nos será mostrado si nos mantenemos receptivos, por medio de la oración y la meditación, y expectantes en la vida cotidiana. Somos tan capaces de entrar en comunión con Dios como lo fue el profeta Daniel. El problema de nuestra indecisión radica en nuestros sentimientos de ser faltos de mérito. Hugh Lynn afirmó en una ocasión en el transcurso de una charla: «Si te sientes lejos de la presencia de Dios, no te engañes acerca de quién fue el que se alejó». A pesar de que la conciencia espiritual está más cerca aún de nosotros que nuestro propio aliento, solemos pensar que no nos merecemos tales experiencias. Viene al caso otro comentario de Hugh Lynn: cuánta orientación recibimos depende del estado de nuestra conciencia. Si nos sentimos indignos de estar en comunión con Dios, ese mismo pensamiento se convertirá en una barrera. Si, por el contrario, creemos en el proyecto de nuestro destino espiritual y deseamos conocerlo, éste nos será otorgado a través de nuestro propio deseo de conocerlo.

Los profetas predijeron una y otra vez la llegada del Mesías en el Antiguo Testamento. Este advenimiento no sólo representa la manifestación física de Cristo, sino también el despertar interior prometido a cada alma desde el principio de todos los tiempos. Aunque la humanidad ha pasado colectivamente por una multitud de experiencias de conciencia, la promesa de redención nunca se ha visto alterada. El Nuevo Testamento describe el cumplimiento de la promesa recibida por Adán, así como numerosas experiencias angélicas. Los ángeles están preparados desde el principio para la gran redención de la humanidad. Los libros del Nuevo Testamento narran la historia del principio de la perfección, por cuanto en Jesús Dios se hizo *perfectamente humano* y un ser humano *llegó a ser perfectamente como Dios*.

La llegada de Cristo: el cumplimiento de la promesa

Las lecturas de Cayce cuentan la historia de un peculiar grupo de personas marginadas del judaísmo tradicional: *los esenios*, cuyo nombre significa «los expectantes». Esta secta creía en la comunión con Dios, estudiaron astrología, enseñaron la reencarnación, practicaron el desarrollo psíquico y se aferraron a la promesa de que una manifestación divina del Altísimo vendría en forma de ser humano —el Mesías— durante su propia época.

El respetado doctor en teología Richard H. Drummond dedicó muchos años al estudio de las lecturas de Cayce en relación con la llegada de Cristo. Su libro *A Life of Jesus the Christ: From Cosmic Origins to the Second Coming* aportó información detallada sobre los propósitos de los esenios:

> Según las lecturas de Edgar Cayce, el principal propósito de la actividad espiritual de los esenios consistía en buscar y desarrollar al máximo a personas que fueran cauces adecuados para el nacimiento del Mesías. Se ha dicho que su tradición estaba en línea directa con la ascendencia espiritual de la escuela de profetas instaurada por Elías [...][10].

Durante más de 300 años, los esenios se dedicaron a preparar la llegada del Mesías. Los ancianos mantenían a doce doncellas a la vez en el entorno consagrado de una iglesia o un monasterio. Se formaban en todos los campos de la disciplina física, mental y espiritual. Esperaban que Dios eligiera a una de esas doncellas para ser la madre del Mesías. Creían fielmente en las profecías del Antiguo Testamento acerca del advenimiento, y seguían al pie de la letra los preceptos de Elías. Ahora bien, los esenios no tenían pruebas de que Dios fuera a elegir a una de las suyas como madre del Salvador, pero creían, y su fe les decía que esto se haría realidad. Un aspecto interesante de esta historia, apuntado por las lecturas de Cayce, es que Ana la madre de María mantenía haber concebido a su hija de forma inmaculada. Otras lecturas de Cayce sobre los primeros años del cristianismo confirman este punto, señalando que Jesús, además de ser inmaculadamente concebido, nació de una *madre inmaculadamente concebida*. La comunidad esenia no creyó lo que Ana afirmaba, si bien aceptó que María entrara al servicio del templo debido a su exquisito semblante y belleza. Conforme a las lecturas, el fenómeno de la inmaculada concepción ya se había producido en el pasado. Pero *no* había ocurrido nunca que una hija inmaculadamente concebida concibiera también de forma inmaculada. Por tanto, la pureza se mantuvo a lo largo de tres generaciones de perfección espiritual: a través de Ana, María y Jesús. Esta trina sucesión parece representar la suprema gloria de la perfección, en cuerpo, mente y espíritu.

Tal como se desarrolla esta historia en las lecturas de Cayce, al término de los 300 años que los esenios llevaban esperando la llegada del Mesías, el arcángel Gabriel eligió a María para ser la madre del Salvador. Una mañana, mientras las doncellas se dirigían de madrugada al altar del templo para orar, brilló una fuerte luz sobre María y se oyó el estruendo de un trueno. El arcángel Gabriel la condujo al altar. Esta era la señal que esperaban los esenios. María tenía trece años en el momento de la anunciación. Al cabo de otros tres años de formación, disciplina y consagración, se descubrió que estaba embarazada a los dieciséis. En ese mismo momento, otra de las doncellas que formaban parte de las doce, Isabel, también fue visitada por el arcángel Gabriel, quien le dijo que su hijo, Juan el Bautista, sería el precursor del futuro Mesías.

Por fin se estaba cumpliendo la antigua promesa. Cuando Jesús nació en Belén, las mismas estrellas matutinas que habían cantado durante el advenimiento de Adán volvieron a celebrar el cumplimiento de esta gloriosa misión. El círculo era hermoso y completo. Esa gran alegría que recorrió los reinos angélicos, al iniciarse el proyecto de Amilius para resucitar la conciencia de la humanidad, se renovó en Palestina cuando Dios *nació físicamente* en la tierra en estado de perfección. Desde las alturas, los ángeles proclamaron la gloria de tal perfección.

En nuestra época, está comenzando una tercera celebración de los ángeles. Ellos fueron las fuerzas impulsoras que guiaron a Adán y a las primeras almas a través de la tierra, e intervinieron de nuevo durante el advenimiento de Jesús hace 2.000 años. Ahora, cuando hemos llegado al final del segundo milenio desde la venida de Jesús, nos hallamos en una época en que la verdadera comprensión espiritual está aflorando en personas de todos los lugares. El reino de los ángeles lo está divulgando con toda su gloria, en sus manifestaciones a individuos y grupos.

Las lecturas de Cayce señalan que el advenimiento de Jesús hace 2.000 años fue un momento de gran consternación, agitación política, opresión y contienda en la tierra, pero que sin embargo —entonces como ahora— la llegada de Cristo es una fuente de esperanza para el mundo.

Durante toda su vida, Jesús estuvo en comunión constante con el Altísimo, los ángeles y arcángeles, y todos los poderes del cielo y de la tierra que estaban bajo Él. Todo había sido experimentado por el alma maestra y, en su última fase del ciclo de nacimiento y muerte, vencería ese ciclo.

La perfección final consistió en su superación de la muerte física en la tierra. En sus lecturas, Cayce propone que la muerte no se creó originalmente como una maldición, sino como una bendición. Por medio de las leyes del nacimiento y la muerte, las almas pudieron encarnarse en la tierra, vivir y aprender las lecciones espirituales que facilitarían su reunión final con Dios, así como dejar la tierra en la muerte para observar todos los aspectos de la vida recién vivida, y proyectar su siguiente encarnación. Antes de la experiencia de muerte introducida por medio de Adán, las almas atrapadas en cuerpos monstruosos no podían abandonar el mundo material sin ayuda. No había *final* para las circunstancias creadas por esas almas en aquel período prehistórico. Sin embargo, gracias a Adán, el alma pudo alternar la dedicación a su perfección espiritual en la tierra con el regreso a su auténtico hogar. Resulta lógico concluir que la muerte se introdujo a través de Adán, para ser posteriormente vencida en la perfección de Jesús.

Se ha considerado durante muchos siglos que Cristo se encuentra en un estado inalcanzable. Se le ha descrito como un ser sobrenatural al que hay que adorar, pero no como algo en lo que nos podemos *convertir*. Hay cierta resistencia, incluso entre los fieles, a considerar a Jesús como un ser humano. Sin embargo, la principal enseñanza de Jesús se basa en que terminaremos pudiendo realizar muchos de los milagros que Él llevó a cabo. Él es una imagen de nuestro futuro, de nuestro potencial espiritual realizado en la tierra. Encierra la promesa de que toda alma individual contiene todos los elementos de Dios, los ángeles y arcángeles, los propios poderes del cielo. Los poderes del universo podrían ser desatados mediante una sintonización adecuada; podría ordenarse a los ángeles que cumplieran los deseos del alma humana. La promesa de Jesús significó que las cosas que Él hizo no representan tan sólo una posibilidad, sino un *resultado final*. Su papel como Mesías fue enseñarnos nuestro futuro. Esa fue la misión divina que el Hijo de Dios inició originalmente en forma de Adán y perfeccionó en forma de Jesús.

Las lecturas de Cayce indican que el universo entero cambió cuando Jesús resucitó. Se alteró toda la configuración vibratoria de la creación, porque un hombre había sido el primero en vencer al mundo y regresar a Dios. Tras su ascensión, Jesús se hallaba en niveles de conciencia superiores a los de los ángeles. ¿Por qué? Los ángeles y arcángeles nunca se alejaron de la presencia de Dios. Jesús personificó al Hijo Pródigo: el que se marchó y regresó *intencionadamente* a casa de su Padre. Pasó entonces a ocupar una posición suprema *junto a* Dios porque con Él se había cumplido la promesa. El último verso del Evangelio según Juan encierra una verdad mucho mayor de lo que se ha venido pensando: «Jesús hizo también muchas otras cosas, tantas que, si se escribiera cada una de ellas, pienso que los libros escritos no cabrían en el mundo entero» (Juan 21:25). Una alusión a las experiencias realizadas desinteresadamente durante *milenios* por esta alma como Adán, Enoc, Melquisedec y sus muchas otras vidas y experiencias que culminaron en su perfección como Jesús.

Ahora bien, su papel no finalizó con su resurrección y ascensión. Como explican las lecturas de Cayce, puesto que Jesús venció al nacimiento y a la muerte con la resurrección de su cuerpo, podría aparecer de nuevo en el mundo tridimensional como lo hizo hace 2.000 años. De todos los rincones del mundo nos llegan relatos extraordinarios de personas que, no sólo están experimentando a Cristo en sueños y meditaciones, sino que lo ven en forma tridimensional.

El libro de G. Scott Sparrow titulado *I Am with You Always* deja al lector convencido de que Cristo está tan presente hoy en día en la vida de muchas personas como lo estuvo hace 2.000 años. Ahí radica la vital importancia de este momento particular de la historia de la tierra. La Segunda Llegada consiste en la llegada de Dios a la conciencia espiritual de las masas. Se trata de una experiencia interna, a la vez que externa. Las personas están experimentando la Conciencia Crística a través de disciplinas espirituales de gran dedicación, como la meditación y la oración, y a la vez también están teniendo experiencias en las que Jesús el hombre llega hasta ellas y realiza sanaciones.

En este sentido, la llamada Segunda Llegada se está produciendo ahora mismo en nuestra época. Esta es una de las razones principales por las que los ángeles están interviniendo en todo el mundo a ritmo acelerado. Además de estas apariciones de Jesús en el siglo veinte, su madre María también se está manifestando en muchos puntos del planeta —Medjugorje, Lourdes, Fátima, Garabandal— y el mensaje que nos transmiten tanto Jesús como María parece ser el mismo: «[...] Y les aseguro que estaré con ustedes siempre, hasta el fin del mundo» (Mateo 28:20). En estos días de grandes cambios necesitamos más que nunca ese consuelo.

8

Nuestros queridos ángeles de la guarda

[...] la cara del guía o guardián de cada alma en su andadura en la tierra siempre tiene su ángel, su gnomo, su rostro ante el Trono de aquello que es la Primera Causa, la Influencia Creadora, Dios. Y éstos están siempre dispuestos a guiarla y guardarla, si el alma, en un mundo material, se deja guiar por las verdades espirituales.
~Edgar Cayce, Lectura 531-2

Los ángeles de la guarda en las artes

Terry Lynn Taylor, autora de varias obras dedicadas a los ángeles, entrevistó al músico y cantante de rock Carlos Santana en su libro *Creating with the Angels* (H.J. Kramer, Inc., 1993)[1]. Carlos cree que los ángeles de la guarda han influido en la expresión artística de su música. Afirma, en el libro de Taylor, que la inspiración que recibió de la obra de tres personas provocó un giro decisivo en su vida.

«En 1967 y 1968», explica Carlos, «Mahalia Jackson, Martin Luther King, Jr., y John Coltrane preguntaron: *¿Quién eres, qué estás haciendo y para quién lo estás haciendo?»*

Carlos les contestó a los tres que era un hijo de Dios a la vez que un músico, y que siempre actuaría para Dios y le dedicaría su música. Su vida musical, que abarca cuatro décadas, ha inspirado y animado a cientos de miles de personas. A lo largo del camino, ha tenido varias experiencias que le han confirmado que los ángeles le han venido guiando de forma divina durante toda su vida. Una experiencia en particular le hizo comprender que sus experiencias angélicas eran mensajes de Dios.

Su compañía discográfica le había informado de que Julio Iglesias quería grabar en un álbum una de sus canciones: «Europa». Iglesias sólo estaba dispuesto a grabar la canción si Carlos Santana accedía a tocarla en el disco. Carlos rechazó la oferta, por considerar que existía una gran brecha entre su mundo musical y el de Iglesias. Opinaba que Iglesias era parte del negocio mayoritario de los discos, un sistema al que él no pertenecía y en el que no se sentía a gusto. «Soy un chico de la calle», explicó Carlos a Taylor durante la entrevista. «Sencillamente, no encajo dentro del sistema. Sigo siendo un hippie».

Esa noche, después de la llamada telefónica, Carlos Santana le contó a su madre durante la cena la oferta de Iglesias. Ella guardó silencio ante su decisión de no interpretar la canción, pero era un silencio de decepción. Después de la cena, Carlos se disponía a jugar un partido de tenis. Al lanzar la pelota al aire para sacar, ésta *desapareció*.

Carlos oyó una voz que le decía:

—¿Quién te dio esa canción?

Aunque atemorizado, Carlos respondió de inmediato.

—Tú, —contestó.

—¿Por qué no me dejas hacer lo que yo quiero con mi canción?, —preguntó la voz.

—¿Qué quieres que haga con tu canción?

—Quiero que grabes la canción con Julio y que todo el dinero que ganes con ella lo dediques a los niños de Tijuana, —respondió la voz—. *Tú no lo necesitas.*

La vida de Carlos Santana cambió ese día. Se organizó y preparó para grabar la canción con Julio Iglesias.

«Para mí, todo se reduce a una lección de humildad», dijo Carlos. «Tengo que ser juicioso y hacerle caso a la voz. Es lo que me ha ayudado a llegar hasta aquí».

Los ángeles de la guarda son esos seres que acompañan al alma durante su vida material en la tierra. Desde que Amilius vino a la tierra en forma de Adán, han existido esos cercanos seres angélicos que nunca han estado en la tierra en un cuerpo material. Son los prometidos guardianes que Dios envió para que estuvieran junto a todas las almas del mundo material. Las lecturas de Cayce señalan que cada persona tiene al menos un ángel de la guarda, cuya función consiste en proporcionar inspiración, intuición y experiencia espiritual para «recordar» que la vida terrenal sirve un propósito más noble. Aunque no *interfieren* por sí mismos en las elecciones que lleva a cabo un alma propia, conducen e incitan a las personas con almas similares a juntarse entre sí. De acuerdo con Sophy Burnham, la autora del éxito de ventas *A Book of Angels*, es infrecuente que alguien llegue a *ver* físicamente a su ángel de la guarda.

Las personas agraciadas con habilidades artísticas suelen sintonizar con los reinos angélicos. Todas las aptitudes creativas, ya sea en pintura, música, danza, teatro o escultura, proceden de tales reinos. Ello es especialmente cierto en el caso de la música. Cayce afirmó que la música es, en el mundo material, un reflejo de lo que él llamó «música de las esferas», un reino celestial de coros de ángeles. Estos fueron los coros que cantaron en vísperas del nacimiento de Jesús en Belén. Cuando un pintor se sienta ante un lienzo, un compositor produce música o un escultor cincela un bloque de piedra, todos ellos se nutren en esas esferas creativas del espíritu. Cayce afirmó que la música es un puente entre lo finito y lo infinito, y con frecuencia recomendaba la música como apoyo de la meditación profunda.

El arte medieval está lleno de representaciones pictóricas de ángeles. Muchos artistas de este período creían que su inspiración les llegaba de los ángeles de la guarda. El renombrado artista Rafael atribuía su habilidad artística para representar ángeles a sus visiones interiores. En una ocasión, dos cardenales católicos estaban observando a Rafael mientras éste pintaba frescos de ángeles. Uno de los cardenales observó: «¿Por qué representa a los ángeles con rostros tan rojos?» Sin apartarse de su trabajo, Rafael respondió: «¡Porque se ruborizan al ver en qué manos ha caído la iglesia!»

Durante la era medieval, los ángeles se representaban con aureolas y arpas. El recurso a las arpas parece subrayar la conexión angélica con la «música de las esferas» que Cayce describió en sus lecturas. Las aureolas indican los intensos campos de energía o auras que suelen rodear una presencia angélica. Cuando se ve la manifestación física de un ángel, como le ocurrió a Cayce siendo niño, es frecuente que ésta se halle envuelta por una suave luz blanca. En otros casos, da la impresión de que la luz emana del interior de los ángeles. Ya que los ángeles no tienen cuerpo material propiamente dicho, su forma está compuesta de estructuras vibratorias superiores de luz.

Cuando se contemplan las ilustraciones de ángeles de Gustav Doré (algunas de las cuales se han reproducido en esta obra), los grabados de ángeles de William Blake o las obras de Miguel Ángel, se aprecia que tales artistas se inspiraron en algo espiritual y sublime, que trascendía la simple imaginación. William Blake, un artista, poeta y grabador del siglo dieciocho, declaró haber tenido visiones de ángeles durante toda su vida. Afirmaba que un ángel le enseñó a pintar a una edad muy temprana, y que los retratos de ángeles que representó en sus grabados y acuarelas (véase la portada) eran visiones de seres angélicos. Blake también mantenía que sus escritos le habían sido dictados por ángeles y por Jesús.

Miguel Ángel pretendía que era capaz de «ver» al ángel que estaba atrapado en el bloque de piedra o de mármol y que su misión era liberarlo. La dificultad de representar a los ángeles de una forma que resultara aceptable para las personas ajenas al mundo del arte quedó demostrada en un divertido incidente de la vida de Miguel Ángel. El papa confrontó a Miguel Ángel mientras trabajaba en el techo de la Capilla Sixtina. «¿Quién ha visto alguna vez un ángel con sandalias?», criticó el papa. Miguel

Ángel contestó: «¿Quién ha visto alguna vez un ángel con *pies*?» Independientemente de las alas, las aureolas y las arpas que aparecen en sus obras, gracias a los artistas del Renacimiento tenemos tan inspiradas y visionarias pinturas. Cuando contemplamos sus obras, apreciamos claramente el contacto que mantenían con sus ángeles de la guarda artísticos.

Edgar Cayce y los ángeles de la guarda

En el capítulo 1, los «jóvenes» que acudieron en ayuda de Marie, cuando falló la transmisión de su automóvil en la autopista interestatal, pertenecían a las filas de los ángeles guardianes. De acuerdo con las lecturas de Cayce, éstos tenían el poder de aparecer físicamente en forma humana y prestar ayuda. A veces, el ángel de la guarda se manifiesta como un estallido de ingenio, una súbita inspiración o un profundo y espontáneo arrebato del alma. En una lectura que realizó para su esposa Gertrude, Cayce mencionó que los ángeles de la guarda pueden presentarse como «un olor, un aroma, una emoción, una ola, un viento [...]»[2]. En numerosos casos, la influencia de los ángeles no se manifiesta de forma física, sino que llega como una voz o un sentimiento de consuelo. Las lecturas señalaron con suma claridad que todas las personas de la tierra tienen al menos un ángel guardián cada una.

Cayce dictó una interesante lectura para un joven que había sobrevivido milagrosamente a un incidente que estuvo a punto de costarle la vida durante la I Guerra Mundial. Aunque el joven resultó herido, un ángel lo ayudó físicamente a escapar del campo de batalla. Más adelante, el joven preguntó en una lectura cuál era el sentido de este encuentro angélico:

> Al agacharse el ángel en el campo de batalla, al caminar por el jardín con la sombra, la entidad estaba siendo dirigida, custodiada o protegida, tal como se había sido prometido a cada individuo desde

> los comienzos del mundo: «Si ustedes son mi pueblo, Yo seré su Dios». ¡El que camina en la luz, y se propone de corazón *hacer, ser,* todo aquello que *las* Fuerzas Creadoras *desearían* que uno fuera, *no* será *abandonado!*, porque aunque atraviese el valle de la sombra de la muerte, Su brazo, Su mano guiarán sus caminos[3].

Esto supone una promesa para cada uno de nosotros: si creemos en la ayuda divina, ésta nos socorrerá a ciencia cierta en los momentos de apuro. En la cita anterior, el «brazo» y la «mano» de Dios son los ángeles que nos guían de forma constante en el transcurso de nuestra vida. Cayce explicó así bajo trance:

> A decir verdad, existen conciencias o entidades que no han tomado parte en la conciencia *física* de la tierra ni forman parte de ella, tales como los ángeles, los arcángeles, los maestros a los que se ha tenido acceso [...][4].

Aun cuando tales ángeles superiores no hayan estado nunca en la tierra, pueden no obstante fomentar el desarrollo del alma terrenal. Cayce hizo hincapié en el poder de la oración como medio a través del cual los ángeles nos pueden ayudar a sortear sin mayor incidente las dificultades de la vida.

Existen ángeles que, a diferencia de los mencionados anteriormente, se encarnaron un día en la tierra. Esas almas, que ya han dejado este mundo, nos guían desde los reinos espirituales. Así ocurrió cuando la madre fallecida de Cayce actuó como ángel de la guarda de Edgar durante un período especialmente arduo de su vida. Pese a haber logrado ayudar a miles de personas gracias a sus lecturas médicas y espirituales, Cayce sufrió muchos perjuicios y vivió acontecimientos profundamente inquietantes. Como todo el mundo, Cayce atravesaba períodos de depresión y preocupación por los asuntos cotidianos de la vida. Siempre mantuvo un lazo muy íntimo con su madre y ella fue su mentora durante la infancia, por lo que Edgar siempre acudió a ella en busca de consejo. En consecuencia, su muerte resultó para él un golpe particularmente duro. Aun cuando contaba con suficientes experiencias psíquicas que le aseguraban que la muerte física no suponía en absoluto el final del alma, el fallecimiento *físico* de su madre le resultó casi insoportable. Escribió muchas cartas a amigos y conocidos pidiéndoles que oraran para que pasara pronto ese momento de duelo.

Varios años después de la muerte de su madre, Cayce atravesó un período de crisis económica. Había dejado el negocio de la fotografía y estaba tratando de dedicarse exclusivamente a las lecturas psíquicas. La realización de lecturas no fue nunca una actividad lucrativa, ya que la mayoría de las personas que solicitaban ayuda tenían poco dinero. Por lo general, Cayce conseguía arreglárselas, pero al principio de los años treinta se enfrentó a aprietos financieros. Durante un período de profunda oración, su madre se le apareció con la misma claridad que si hubiera estado físicamente en la habitación. Le sonrió dulcemente y extrajo del aire una moneda de plata de un dólar. Cayce tomó la moneda asombrado y miró a su madre.

«Que esto sea la señal de que nunca tendrás que preocuparte por el dinero», dijo ella. «Alguien cuidará siempre de ti». De ese día en adelante, Cayce sintió que alguien le aseguraba, desde el otro lado, que cuidaría de él en cualquier circunstancia.

Una experiencia similar les ocurrió también a los socios financieros de Cayce, Morton y Adeline Blumenthal, quienes estaban estudiando misticismo y espiritismo. Los Blumenthal recibieron más lecturas de Cayce que ningún otro solicitante. Tanto Morton como su esposa habían alcanzado un alto nivel de desarrollo psíquico y habían tenido experiencias fascinantes de comunicación con espíritus. Transcurridos unos meses desde la muerte de su madre, Adeline empezó a tener sueños en los que ésta actuaba aparentemente como su ángel guardián. Adeline soñó que su madre la alertaba acerca de la salud de su cuñada. Acudió a Cayce y a sus lecturas en busca de una interpretación.

«[Soñé que mi madre decía:] "Algo falla en la pierna de tu hermana, o en el hombro... Debería ir al médico"».

En trance, Cayce respondió:

«[...] como se ve, la madre, *a través de la propia* mente de la entidad, es como la madre de todos en esa familia. Es un aviso, pues, de las enfermedades que pueden producirse, y de las existentes. Avisa, pues, de ellas a tu hermana; ¿entiendes?»[5].

El sueño de Adeline estaba en lo cierto, y los problemas de salud de su cuñada, que Cayce identificó como «autointoxicación y eliminación deficiente», fueron finalmente tratados con éxito. Adeline y Morton tuvieron una experiencia psíquica consciente inmediatamente después de que ella diera a luz a su hijo. En la habitación del hospital, el matrimonio presenció un fenómeno de luces. Cayce confirmó que la madre seguía estando tan próxima a ellos en espíritu como lo estuvo en la tierra.

Adeline tuvo sueños maravillosamente tranquilizadores que indicaban que su madre seguía existiendo después de la muerte. Acudió a Cayce para descifrar un edificante sueño que tuvo tras el fallecimiento de su madre:

«[Soñé que una voz decía:] "Tu madre está viva y es feliz"».

Cayce lo confirmó:

«Tu madre está viva y es feliz [...] porque no existe la muerte, sino tan sólo la transición del plano físico al espiritual. Entonces, así como el nacimiento en el mundo físico nos es dado como la llegada de una nueva vida, así también la muerte física es el nacimiento en el mundo espiritual»[6].

Adeline se sintió profundamente conmovida y preguntó en voz baja: «¿Entonces, mi madre me sigue viendo y queriendo como antes?»

«Te ve y te quiere como siempre», respondió Cayce.

La madre de Adeline ayudó mucho a su hija y a Morton, avisándoles contra varios accidentes. En una ocasión, Adeline soñó que su madre la advertía de un accidente inminente que amenazaba a su tía Helen.

«¿Cuándo existe el peligro de que ocurra este accidente [...]?», preguntó Adeline en una lectura.

«En la fase actual de la luna», contestó Cayce.

«¿Cómo ocurrirá?», preguntó Adeline.

«[...] un accidente entre un tranvía y un automóvil», respondió Cayce. «[...] Cuidado con subir en uno o en otro mientras dure esta fase, es decir, hasta la luna menguante»[7].

Es fascinante que nuestros seres queridos recientemente fallecidos actúen con frecuencia como ángeles de la guarda. Como en el caso de Adeline, las almas de los fallecidos aparecen con frecuencia en los sueños para proporcionar información. Las lecturas indicaron que, cuando soñamos con personas que han muerto, estamos realmente en contacto con ellas: no estamos ante un símbolo. Sin embargo, el alma en su gravitación se aleja gradualmente del reino de la tierra para dirigirse hacia otras actividades. En las lecturas sobre la vida anterior de Gertrude Cayce, se supo que ella actuó como ángel de la guarda de Edgar Cayce durante una encarnación que él tuvo en Palestina en la época de Cristo. Ella nunca se encarnó en ese período, pero intervino como guía de Edgar hasta que éste se reunió de nuevo con ella en el reino espiritual.

Estas hermosas experiencias que describen las lecturas deberían servir de consuelo para todos nosotros. En realidad, no perdemos nunca a nuestros seres queridos; están a nuestro lado durante toda nuestra vida terrenal, bien como ángeles de la guarda o como compañeros en la tierra. Darrell Cook (del capítulo 1) lo comprendió así cuando descubrió el nido del petirrojo sobre la lápida de su madre. No tenía todavía la suficiente sensibilidad psíquica para percibirla por medio de sueños o visiones, y sin embargo ella conseguía actuar por medio de circunstancias físicas para aportarle consuelo.

Este tipo de experiencias no debe considerarse como algo insólito o inalcanzable. Las lecturas de Cayce señalan que *deberíamos* tener tales experiencias a lo largo de nuestra vida. Ello depende simplemente del grado de despertar espiritual. Si practicamos con nuestros sueños, meditaciones y oraciones, tendremos nosotros también, igual que Adeline Blumenthal, experiencias en las que entraremos en contacto directo con las esferas espirituales.

Las lecturas de Cayce pusieron de relieve un aspecto muy peculiar de los ángeles de la guarda. Éstos pueden ser personas que están aún en la tierra pero que actúan como ángeles custodios durante el estado de sueño. Las lecturas indican que durante el sueño el alma no está en el cuerpo, sino que se encuentra en las dimensiones espirituales. Cayce llegó también a afirmar que tanto los estados de sueño como los propios sueños son sombras de los reinos que visitamos después de la muerte física. En el sueño, regresamos a nuestra conciencia espiritual.

Hugh Lynn Cayce habló de una mujer que se sentía sola, aislada y sin propósito, y acudió a Edgar Cayce para obtener una lectura. Cuando llegó, estaba al borde del suicidio. Durante la lectura, Cayce dijo bajo trance que la mujer, durante sus períodos de sueño y desde los reinos espirituales, ayudaba a cruzar al más allá a las almas que habían muerto en los campos de batalla de la II Guerra Mundial. ¡Estaba actuando como un ángel de la guarda y seguía aún en la tierra! La mujer no salía de su asombro, ya que no recordaba ninguna experiencia vivida en sueños en la que hubiera representado el papel de mensajero espiritual. Pero, al ir dominando la meditación, la oración y los sueños, fue familiarizándose con su yo mayor o superior.

En una charla realizada en los años setenta, Hugh Lynn Cayce contestó a preguntas relacionadas con este mismo tema. Un hombre le preguntó: «¿Son los ángeles de la guarda seres distintos de nosotros, que no han estado nunca en la tierra? ¿Son personas que hemos conocido antes, o una prolongación de nuestra mente inconsciente?»

«Sí», respondió Hugh Lynn, «¡son todo eso y *más aún!*». Compartía el punto de vista de su padre, según el cual nuestros ángeles guardianes proceden de una gran variedad de fuentes.

Un niño psíquico y sus ángeles de la guarda

Mucho antes del actual interés popular por los ángeles, un niño de corta edad que vivió en Inglaterra durante la década de 1880 describió en diarios personales sus numerosas experiencias psíquicas y angélicas. Éstas se publicaron más adelante en el libro *The Boy Who Saw True*, que incluye un comentario de Cyril Scott, el investigador psíquico que recopiló los diarios a principios de los años cincuenta. Lo extraordinario de *The Boy Who Saw True* es que describe con el lenguaje propio de un niño la naturaleza de las auras, los ángeles, los gnomos y las hadas, e incluye conversaciones con espíritus de difuntos.

El niño era clarividente y podía «ver» los reinos espirituales de modo muy similar a Rudolf Steiner. Los problemas con su familia comenzaron cuando creyó que todo el mundo era capaz de ver auras y de comunicarse con los espíritus, igual que él. El niño se encontraba en un dilema porque su madre lo castigaba cuando hablaba de los espíritus o auras que veía. Sin embargo, un ángel de la guarda —el cual él podía ver— lo consoló durante esos años, prometiéndole que los que estaban en los reinos espirituales le ayudarían a «conseguir» un maestro comprensivo. Finalmente, el niño tuvo un tutor cuyo apellido era Patmore. Éste observó conmocionado que su alumno de diez años tenía el don de ver cosas del pasado de su tutor, lo cual era un indicativo de sus facultades psíquicas. Cuando se sobrepuso a su asombro, el señor Patmore se encariñó mucho con el niño y exploró los mundos espirituales haciéndole preguntas. Afortunadamente, Patmore animó al niño a escribir los diarios, que hoy en día constituyen una de las muestras más coherentes de la literatura psíquica disponible acerca de la naturaleza de la vida después de la muerte y de las dimensiones espirituales.

El niño podía ver conscientemente los mundos espirituales con la misma claridad con la que nosotros vemos nuestro mundo físico. Hablaba por boca de su espíritu guardián, al que llamaba Hermano Mayor, y el señor Patmore transcribía lo que el niño transmitía. Nos interesan en particular este Hermano Mayor y el difunto abuelo del niño, que actuaban ambos como sus ángeles de la guarda. El 20 de julio de 1886, escribió: «Hoy he visto al abuelito, y me ha dicho que ellos (los espíritus) hicieron que papá encontrara al señor Patmore para que fuera mi tutor, y que están muy contentos con mi progreso»[8].

El niño entablaba largas conversaciones con su difunto abuelo, quien le explicó que los espíritus logran a menudo unir a personas que comparten intereses similares. Pueden manipular las circunstancias para ayudar a alcanzar una mayor comprensión espiritual. De este modo, los ángeles no actúan sólo como mensajeros, sino que provocan circunstancias favorables. Esta idea debería ayudarnos a observar nuestra vida y a maravillarnos de esos encuentros, supuestamente «fortuitos», con personas que se han convertido en amigos o mentores espirituales para toda la vida. De hecho, nuestros encuentros con esas personas no son en absoluto casuales, ya que son planeados y facilitados por nuestros ángeles de la guarda desde las esferas espirituales.

Las experiencias de este niño con su Hermano Mayor revisten particular interés para el estudio de los ángeles de la guarda, porque se trataba de un espíritu guardián que guiaba a las personas en estado de sueño. Esta es la explicación que el Hermano Mayor le dio al niño de sí mismo:

> Ya que no te he dado motivos para pensar de otra forma, supongo que te imaginas que soy un espíritu desencarnado, ¿no? Pero eso no es exactamente así. Para ser explícito, resulta que soy lo

que llaman un anglo-indio, y me comunico contigo desde fuera de mi cuerpo, que está dormido a miles de millas de aquí. Nuestra noche es tu día. Si no fuera así, no podría presentarme a ti de esta forma. He aprendido a actuar con mi cuerpo *astral* en este nivel mientras mi cuerpo físico duerme. [El niño] tiene el mismo poder, y me lo encuentro aquí con frecuencia. Pero ni él ni yo lo recordamos cuando regresamos a nuestro cuerpo por la mañana. Tal vez esto te parezca extraño, pero es bastante sencillo. Sin una preparación especial, el cuerpo *astral* no deja huella de sus experiencias en el cerebro físico[9].

Esto explica que la mujer solitaria que acudió a Cayce no recordara ser un espíritu que guiaba a quienes acababan de dejar los campos de batalla. Las lecturas demuestran claramente que, a nivel consciente, sólo percibimos nuestro yo-personalidad. El propósito de una vida determinada es alcanzar, en el plano del alma o del yo superior, el mismo grado de conciencia que en el plano del yo-personalidad. La función del ángel de la guarda consiste en incitar el alma a despertar al mayor grado de conciencia que posee. Las lecturas de Cayce subrayan que los seres humanos tienen acceso a todos los reinos de conciencia, pero que deben estudiar y practicar la meditación para despertar a ellos plenamente. En el presente capítulo, ofrecemos más adelante un método específico de meditación que las lecturas de Cayce recomiendan para permitir al alma entrar en contacto con los reinos angélicos.

En *The Boy Who Saw True*, el joven clarividente aborda muchas verdades espirituales fascinantes. El niño se comunicaba con espíritus de los reinos invisibles y compartía algunos de los conceptos citados, no sólo en las lecturas de Cayce, sino también en la obra de Swedenborg y en *El Libro de Enoc*. A los diez años, transmitió a su tutor la siguiente información sobre los ángeles a partir de lo que él llamó «el espíritu científico»:

[...] todo elemento [de la tierra] está habitado, y [...] existen

> espíritus del fuego, del agua, del aire, etc., y [...] estas dos últimas especies tienen bastante que ver con las condiciones del tiempo [...] el sol es el cuerpo físico de un Gran Espíritu [...] los planetas, incluida nuestra tierra, acogen a los cuerpos espirituales de esas grandes Entidades que se conocen como Espíritus Planetarios [...]; las fuerzas magnéticas que emanan de los Espíritus Planetarios son el alma de esos cuerpos planetarios[10].

Este espíritu también aportó información sobre el modo en que los ángeles de la guarda actúan en las vidas terrenales de las almas:

> Las ideas existen en *nuestro* mundo antes de que se materialicen en *vuestro* mundo; esta es la razón por la que podemos prever la corriente mental y las actividades de vuestra tierra con cierto grado de exactitud [...][11].

Ello explica que, con tan sólo un momento de anterioridad, los ángeles de la guarda salven milagrosamente a las personas de un desastre inminente.

Así, por ejemplo, una mujer joven estaba conduciendo en una carretera de dos carriles de una zona rural de los Estados Unidos que ella no conocía. Era una carretera con muchas curvas y sin iluminación de seguridad. De repente, vio con horror un automóvil que entraba en su carril y se dirigía directamente hacia ella. El conductor estaba aparentemente borracho y se acercó a ella lo suficiente como para que ella viera las facciones físicas de su rostro. Comprendió que estaban a punto de chocar frontalmente y parpadeó durante una fracción de segundo, preparándose para la colisión. No le daba tiempo a salir de la estrecha carretera. Tras esa décima de segundo durante la que cerró los ojos, se encontró fuera de peligro, pudiendo ver el otro automóvil en el espejo retrovisor trasero. Mientras siguió conduciendo hasta su casa, comprendió que seguía viva gracias a un auténtico milagro.

De acuerdo con el correspondiente pasaje de *The Boy Who Saw True,* el hecho del accidente inminente ya existía en los reinos invisibles. Debido a que el tiempo es diferente en tales reinos, los ángeles guardianes pudieron intervenir e impedir el accidente de la mujer.

El autor de *The Boy Who Saw True* conservó sus poderes psíquicos durante toda su vida adulta y ayudó a consolar a muchas personas después de la Primera Guerra Mundial, asegurando que los hijos que habían muerto habían pasado al reino espiritual. Pudo contactar con las almas de los difuntos y transmitir a sus desconsoladas familias un mensaje que las alivió considerablemente. Pudo ver de forma clarividente, con ayuda de sus ángeles de la guarda, todas las facetas de la vida de una persona. Y, sin embargo, escribió siendo adulto que le llenaba de perplejidad no ser capaz de prever las tragedias de su propia vida. La siguiente cita está extraída de su diario:

> Se está haciendo bastante evidente que nuestro matrimonio es un fracaso absoluto. Nunca me había lamentado de ello a mi Hermano Mayor pero cuando, después de mi meditación de hoy, él apareció de repente, me avergüenza un tanto afirmar que me descontrolé ligeramente. ¿Por qué no me avisaste de que yo no era la persona apropiada para hacer feliz a J.? Confieso que su respuesta me hizo sentir algo de vergüenza. En efecto, me dijo: «Nosotros los Hermanos Mayores no existimos para evitar el karma de nuestros discípulos. Tú y tu esposa tienen un karma determinado que disipar juntos. Si yo les hubiera avisado, habría frustrado los diseños de los Señores del Karma. Esto, por supuesto, jamás es permitido [...]»[12].

El Hermano Mayor dijo a continuación que los iniciados y las iniciadas no consiguen predecir los acontecimientos de su vida hasta que «se gradúan» al alcanzar un desarrollo espiritual superior. En este sentido, si bien nuestros ángeles de la guarda pueden guiarnos y dirigirnos, la elección sigue estando en nuestras manos, y debemos enfrentarnos a lo que hemos creado para nosotros mismos —tanto en esta vida como en las anteriores—. Ahora bien, aun cuando tengamos que enfrentarnos a las circunstancias, muchas de ellas difíciles, nuestros ángeles siempre estarán ahí para ayudarnos a superar las dificultades. Pero no es tanto su ayuda como nuestra toma de conciencia de ellos lo que puede hacer de la vida una experiencia llena de alegrías, sobre todo cuando *esperamos* ser guiados y dirigidos por nuestros invisibles amigos angelicales. Terry Lynn Taylor resumió así la importancia de los ángeles de la guarda para nuestra vida en el capítulo de introducción de su obra *Creating with the Angels:*

> Los ángeles actúan como mensajeros de Dios. Se comunican con nosotros a través de la inspiración. Cuando llenamos nuestra vida cotidiana de esencia espiritual y les pedimos a los ángeles que se unan a nosotros, despertamos la conciencia angélica [...]. La conciencia angélica nos ayuda a mantener vivas las cualidades celestiales aquí en la tierra. No sólo *vemos* la belleza que nos rodea; la *sentimos* en nuestra alma [...]. Los ángeles, en cuanto mensajeros del cielo, nos ayudan a hacer de la vida una experiencia auténtica y llena de sentido[13].

La meditación: puerta de acceso a la comunión con Dios y los ángeles

En más de un aspecto, las nuevas y espectaculares experiencias angélicas que se están produciendo en la vida de numerosas personas pueden interpretarse como señales dirigidas al resto de nosotros. Nos deberían impulsar a concentrar nuestra atención en nosotros mismos, a aprender a escuchar la tenue y apacible voz que emana de lo más hondo del alma, y a oír a nuestros propios guías, esos ángeles que llevan con nosotros desde el principio de todos los tiempos. Aprender a escuchar lo Divino por medio del proceso de meditación puede capacitarnos para abrir las puertas de acceso espiritual a nuestros ángeles de la guarda.

Cayce enseñaba una sencilla técnica de meditación que resulta muy eficaz para despertar en el alma la facultad de comunión con los reinos angélicos, estimular habilidades psíquicas, y —lo cual representa el aspecto más importante de la meditación— entrar en un reino donde tomamos conciencia de Dios como un constante compañero personal. Según las lecturas, orando hablamos con Dios, pero meditando *escuchamos* a Dios. Las lecturas llegaron incluso a afirmar que, en la meditación, nos encontramos con Dios cara a cara. A través de los siglos, los místicos han sabido que dirigir la atención hacia dentro abre mundos espirituales desconocidos en el plano consciente. Dios nos envía a sus mensajeros al santuario de la meditación.

Un joven de veintitrés años acudió a Cayce interesándose por la meditación y sus procesos. En esta lectura, Cayce llamó «amigo», «socio» y «hermano» al ángel consejero con que el hombre podría encontrarse durante la meditación:

> Si la manera de centrarte [en la meditación] es a través de algún socio, amigo o hermano que está actuando como señal, o poste indicador, a lo largo de la senda de la vida, debes entonces saber que has sido guiado hasta esa senda —y que tu mismo tienes que recorrerla—; y que no has de caminar solo, ya que su mano guiadora señalará la senda, mostrándola clara y obviamente en tus quehaceres[14].

¡Qué mensaje tan esperanzador! Es alentador saber que nunca estaremos solos en el camino. De hecho, muchos estudiosos de la meditación describen la sensación de «sentirse acompañado» que surge al cabo de unas semanas o unos meses de práctica regular. La sensación de «estar acompañado» se experimenta con respecto a Dios y sus mensajeros. Ahora bien, éstos no son atraídos *hacia* nosotros por medio de la meditación. Lo que sucede es que tomamos conciencia de los ángeles *a causa* de la meditación. Como se viene afirmando a lo largo de este libro, los ángeles han estado siempre con nosotros. Sólo necesitamos que nuestra conciencia reconozca este hecho, y la meditación resulta crucial para despertar la conciencia a la influencia angélica.

Es importante practicar la meditación todos los días a la misma hora: la mente consciente aprende de este modo a serenarse. Al comienzo, es suficiente un período de silencio de quince minutos. Más adelante, cuando el cuerpo y la mente se acostumbran a meditar, puede alargarse este período hasta treinta minutos, y finalmente a una hora.

Para preparar el cuerpo y la mente a una sesión de meditación, resulta útil leer durante unos minutos algún texto edificante o pasajes de las Escrituras. Las lecturas también recomendaban música instrumental e incienso, para armonizar la mente con el silencio espiritual.

Manteniendo la columna vertebral erguida, siéntese en una silla con la planta de los pies completamente apoyada en el suelo o con las piernas cruzadas en posición de loto. Cierre los ojos e inicie una oración, pidiendo orientación y protección divinas. Las lecturas de Cayce recomiendan una oración de protección para asegurar que cualquier ángel, influencia o guía que pueda presentarse durante la meditación provenga únicamente de los reinos espirituales más elevados. Cayce ofreció los siguientes consejos al joven anteriormente mencionado acerca de la oración de protección:

> [...] al meditar o al tratar de abrirte a las fuentes invisibles [...] nunca abras tu ser, amigo mío, sin rodearte del espíritu de Cristo ¡para que Sus fuerzas te protejan y te guíen en todo momento![15].

En este caso, «Sus fuerzas» se refiere a los ángeles y arcángeles que, según expresó Cayce, interceden por las almas de la tierra ante Dios. La oración de protección también contribuye a subrayar el propósito y el ideal de la meditación: alcanzar la sintonía con los reinos espirituales superiores de Dios. Asimismo, es conveniente pedir orientación y dirección al propio ángel de la guarda. Citamos a continuación una oración parafraseada de las lecturas de Cayce, cuyo objeto es asegurar que las fuentes espirituales superiores sean las únicas empleadas en el proceso de sintonización y despertar del alma:

> Al abrirme a las Fuerzas Invisibles que rodean el trono de gracia, misericordia y luz, me rodeo de la pura y blanca luz de protección que llega al pensar en Cristo. Hágase sólo Tu voluntad en mí y a través mío.

Cristo se designa con muchos nombres. Como indicamos en capítulos anteriores, el espíritu de Cristo es la personificación de *Dios en actividad* o de los actos divinos. A través de los siglos, ese mismo espíritu ha estado presente en el budismo, el confucionismo, el cristianismo, el judaísmo, el islamismo, etc. Resulta, pues, apropiado cualquier nombre —Cristo, Krishna, Buda, Jehová, Alá, etc.— que ayude al individuo a despertar a su propio ideal espiritual superior por medio de la meditación.

La oración del Señor, denominada «el Padre Nuestro», también facilita el proceso de sintonización, y las lecturas la recomendaban porque cada uno de sus versos se corresponde con uno de los siete centros espirituales o chakras del cuerpo. Visualizar el cuerpo llenándose de luz mientras esta oración se recita en voz alta ayuda a preparar el cuerpo, la mente y el espíritu para la meditación.

A continuación, recomendamos una serie de sencillos ejercicios de cabeza y cuello para facilitar el flujo de energía espiritual a través de los chakras. Tales ejercicios deben realizarse con lentitud. Haga tres veces cada ejercicio. Con los ojos cerrados, incline la cabeza hacia delante en dirección al pecho y llévela de nuevo a la posición vertical (3x). Deje caer la cabeza hacia atrás en dirección opuesta, y vuelva a la posición vertical (3x). Después, gire la cabeza hacia la derecha, como si mirara por encima del hombro derecho (3x). Repita lo mismo en dirección opuesta (3x). Seguidamente, deje caer la cabeza hacia delante en dirección al pecho y describa un círculo completo con la cabeza hacia la derecha (3x), y a continuación hacia la izquierda (3x).

Durante todo el proceso de preparación a la meditación, no deje de pensar, sentir y visualizar que todo su cuerpo, su mente y su espíritu están en completa sintonía con los reinos del espíritu. Visualice a sus ángeles de la guarda alrededor suyo y protegiéndolo. Las lecturas afirmaron una y otra vez que siempre estamos en presencia de Dios: tan sólo hemos de reconocer que lo estamos. La meditación ofrece una vía para tomar conciencia de la Presencia eterna.

También recomendamos una serie de ejercicios respiratorios para abrir los siete centros espirituales de una manera segura. Cierre la fosa nasal izquierda con su dedo índice, inhale por la fosa nasal derecha y exhale por la boca. Repítalo tres veces. A continuación, cierre la fosa nasal derecha e inhale por la izquierda. Al exhalar, cierre la fosa nasal izquierda y exhale por la derecha. Repítalo tres veces. Durante las inhalaciones, visualice que todo su cuerpo se llena de fuerza, sabiduría, luz y paz. Al exhalar, visualice que se desprende de todas las limitaciones, dificultades y tensiones —de todo cuanto le impida sentir la Presencia espiritual en torno suyo—.

Tras los ejercicios respiratorios, utilice una serie de palabras o una frase que sirvan de afirmación: algo en lo que su mente pueda concentrarse si empieza a distraerse. Puede ser algo tan sencillo como:

Dios es amor... El amor es Dios... Soy un hijo/una hija de Dios... Ahora me encuentro en presencia de Dios...

Las lecturas de Cayce contienen numerosas afirmaciones que pueden utilizarse para concentrarse durante la meditación, y facilitar el despertar espiritual. En las filosofías orientales, una afirmación de este tipo se denomina *mantra*. Tras repetir la afirmación dos o tres veces, guarde silencio. No se sienta frustrado si su mente se distrae al principio. Se requiere tiempo para aprender a meditar en silencio. Las primeras etapas de la práctica de meditación consisten en entrenar la mente consciente para que aprenda a guardar silencio y permita la intervención del alma-mente. Siempre que su mente divague, concéntrese en la afirmación. Si practica la meditación todos los días a la misma hora, no cabe duda que su mente aprenderá a serenarse.

La repetición de las palabras de afirmación se convierte en un mensaje dirigido al alma-mente en busca de iluminación. Las palabras se acaban convirtiendo en una experiencia que incita al silencio supremo. Éste es algo más que la mera ausencia de sonidos o palabras: El silencio supremo es un lugar de la conciencia donde uno se siente en completa armonía con Dios y todo el universo. Es un lugar donde la sensación de estar en compañía de los ángeles se experimenta de forma íntima. Muchas personas afirman haber vivido una diversidad de experiencias en ese estado.

Hugh Lynn Cayce enseñó a meditar a miles de personas basándose en las lecturas de su padre. Según afirmó, no resulta inusual tener experiencias místicas durante la meditación, tales como ver a los ángeles de la guarda, o incluso a Jesús. Ahora bien, aun cuando debemos *esperar* que ocurran tales experiencias, es importante reconocer al mensajero —Cristo o quien aparezca— y considerar la experiencia como una señal de que se está en el camino correcto. Es importante no dejarse distraer por la misma, sino sentirse agradecido y regresar al silencio. Ese lugar de absoluta paz interior es donde Jesús prometió que todas las cosas volverían a nuestro recuerdo, incluso desde los cimientos del mundo. La meditación es una vía importante para escuchar, observar, y esperar el mensaje y la presencia de lo Divino. A través de ella podemos conocer la dirección que Dios desea que sigamos en nuestra vida.

Al final de la meditación, es importante enviar fuera de nosotros la energía que ha sido activada, movilizada y elevada a través de los centros espirituales del cuerpo. La mejor forma de hacerlo es por medio de la oración. La oración resulta particularmente potente después de la meditación, por lo que ésta nos ofrece una buena oportunidad para orar por los seres queridos y amigos, así como por aquéllos que han fallecido. También es muy importante orar por la paz en las regiones más convulsas del mundo. Las lecturas de Cayce subrayaron que las naciones podrían salvarse de la destrucción gracias a un puñado de personas que oraran y meditaran por la paz, ¡y que la *vivieran*! Nuestros pensamientos, sentimientos, actitudes y oraciones se enaltecen por medio de la meditación y, como afirman las lecturas, las oraciones pueden convertirse en fuerzas positivas capaces de producir milagros en la tierra.

Betty Eadie tuvo el privilegio de comprobar directamente cómo contestan los ángeles a las oraciones. Presenció este fenómeno durante una experiencia cercana a la muerte que describió con detalle en su éxito de ventas *Embraced by the Light*:

> [...] Vi la esfera de la tierra girando en el espacio. Vi muchas luces que emanaban de la tierra como señales luminosas. Algunas [...] subían hacia el cielo como gruesos rayos láser [...]. Me sorprendió que me dijeran que esos potentes rayos eran las oraciones de personas que están en la tierra. Vi cómo unos ángeles se apresuraban a contestarlas. Su organización les permitía prestar una ayuda máxima [...]. Los ángeles conocían a las personas por su nombre y las observaban con atención[16].

Las oraciones que se realizan después de una sesión de meditación ayudan, no sólo a los vivos, sino también a los difuntos. Las lecturas de Cayce indicaron que muchas personas fallecidas se acercan a sus seres queridos para que estos las alienten a seguir su camino al más allá. No cabe duda de que las oraciones ofrecidas después de la meditación actúan como esos rayos de luz descritos por Eadie, conduciendo hacia la luz al alma que deja la tierra.

La intervención de los ángeles de la guarda

En algunos casos, los ángeles de la guarda intervienen en los asuntos de la humanidad cuando las cosas se han descarriado del plan original, especialmente durante los períodos trascendentales de desarrollo espiritual en la tierra. Un ejemplo ofrecido por la Biblia, del que ya hemos tratado, se produjo en la época de Jesús, cuando el arcángel Miguel se presentó para avisar a José de que Herodes iba a emitir un edicto que acabaría con la vida de todos los niños menores de dos años, temiendo que hubiera nacido un nuevo «rey». El aviso de Miguel condujo a María, José y Jesús hasta Egipto, donde se encontraron a salvo.

En su libro *Know Your Angels,* John E. Ronner describe un caso fascinante de intervención angélica. En el siglo veinte, se vieron al parecer huestes de ángeles en el transcurso de una batalla librada en 1914 en Mons, Bélgica, durante la Primera Guerra Mundial. Rumores de «ángeles guerreros» empezaron a circular entre los civiles, el cuerpo médico y los soldados de los ejércitos inglés, francés y alemán. Alemania luchaba contra Inglaterra y Francia, que se estaban retirando de Mons. Claramente, el combate iba mal para los franceses e ingleses. Sin embargo, cuando aparecieron ángeles en el campo de batalla, éstos empezaron a ganar. Según informó un soldado alemán capturado, su ejército tuvo que replegarse debido a una gran división de soldados vestidos de blanco, armados con arcos y flechas, y capitaneados por un oficial montado en un gran caballo blanco. El soldado alemán contó desconcertado que, aunque el jinete que conducía el ejército era obviamente fácil de derribar, los alemanes dispararon en vano una y otra vez contra él.

En otro relato que circuló por aquel entonces, un ejército de ángeles vestidos de blanco se interpuso entre los soldados británicos y los alemanes. Los caballos de estos últimos se plantaron, negándose a avanzar, y echaron a correr en dirección contraria para apartarse del ejército de ángeles. En ese instante, los ingleses consiguieron escapar con éxito de los alemanes. Otros soldados de todos los frentes dijeron haber visto las siluetas de Juana de Arco, el arcángel Miguel y San Jorge, el santo patrón de Inglaterra. John Ronner dedicó las siguientes líneas a este milagroso evento:

> [...] un cabo del ejército que resultó herido afirmó que sus soldados observaron durante media hora, sobrecogidos y en silencio, a tres imponentes figuras dotadas de rostro que planeaban en el cielo por encima de ellos —uno de los integrantes del trío celestial parecía tener las alas desplegadas— [...] un capitán muy alterado se acercó a ese cabo para preguntarle si él o algunos de sus soldados habían visto algo «asombroso»[17].

Estos relatos sobre los ángeles de Mons llegaron hasta los periódicos, y se escribió un primer libro acerca de esos misteriosos seres que habían ayudado a Francia e Inglaterra en la batalla de Bélgica: *On the Side of Angels,* cuyo autor es Harold Begbie.

La presencia de ángeles de la guarda en los campos de batalla no representa una idea nueva. Como ya se ha dicho, el «ángel del Señor» (probablemente, el arcángel Miguel) liberó con frecuencia a quienes obraban con rectitud y estaban llamados a cumplir un alto cometido. En el Libro Segundo de los Reyes del Antiguo Testamento, Ezequías, rey de Judá, pide a Dios que salve a su pueblo del rey de Asiria Senaquerib, que había asolado naciones y se había apoderado de Jerusalén. El rey asirio se burló de Ezequías y de las antiguas tradiciones de Moisés, así como de los poderes de Dios y de su capacidad para liberar a su pueblo. Senaquerib pronunció duras palabras en contra del profeta Isaías y del pueblo de Judá, y se negó liberar a Jerusalén. Ezequías dirigió una plegaria a Dios, tras la cual Jerusalén fue rescatada del rey de Asiria y todos los soldados del ejército asirio fueron matados por «el ángel del Señor»:

> Esa misma noche el ángel del Señor salió y mató a ciento ochenta y cinco mil hombres del campamento asirio. A la mañana siguiente, cuando los demás se levantaron, ¡allí estaban tendidos todos los cadáveres! (2 Reyes 19:35).

Poco después de esta matanza, el rey asirio fue asesinado por sus propios súbditos. En esta historia bíblica, los ejércitos del rey asirio superaban con creces los del pueblo de Ezequías. De no ser por las fuerzas invisibles de Dios, las tropas asirias hubieran tomado Jerusalén sin apenas una protesta. Y sin embargo, ¡*un único ángel* pudo con todo el ejército de Asiria! Asimismo, Alemania dominaba claramente a los ingleses y franceses en Mons —lo cual resulta inexplicable desde un punto de vista militar racional—, pero aun así, perdió. Esta pauta se repite a lo largo del Antiguo y del Nuevo Testamento, y también en el siglo veinte: cuando parecen haberse agotado las probabilidades de que el bien triunfe sobre el mal, surge de alguna manera una milagrosa vía de escape para una minoría de fieles.

Los ángeles: mensajeros de esperanza

Las historias bíblicas relativas a ángeles de la guarda transmiten un mensaje central, que es siempre un mensaje de esperanza. En capítulos anteriores, se describió a los ángeles que alimentaron a Elías; a los que visitaron a Daniel con visiones de lo que iba a acontecer en la tierra; al profeta Enoc, quien tuvo impresionantes y terribles visiones de los ángeles de Dios y de los ángeles de Satanás, así como de su propio destino como el Mesías.

En algunos relatos del Nuevo Testamento, los ángeles se

manifiestan en los momentos más sombríos, cuando parece que ya no queda esperanza. El nacimiento de Jesús se produjo en un momento así, cuando parecía que el mundo estaba perdiendo su base espiritual. Cayce describió en una lectura los acontecimientos que enmarcaron el nacimiento de Jesús y transmitió que, también en este período histórico, la esperanza renació en uno de los momentos de mayor decadencia del mundo:

> [...] el concepto que el hombre tenía de sus necesidades estaba en su nivel más bajo. Entonces —cuando la esperanza parecía perdida— cantaron los heraldos angélicos [...]. Todos se estremecieron cuando surgió el resplandor de Su estrella, y ésta brilló mientras la música de las esferas traía ese alegre coro: «¡Paz en la tierra! ¡Buena voluntad para los hombres de buena fe!»[18].

Los esenios, descritos en el capítulo 7, facilitaron un acontecimiento sumamente extraordinario que preparó la venida de Cristo. Creían que la liberación no sólo era *posible,* sino *probable.* Entre los suyos nació Jesús, que se convirtió en el Cristo. En los esenios no había nada físicamente tangible que indicara que el Mesías nacería entre ellos, salvo su esperanza y expectación. De hecho, *esenio* se traduce como «expectación» o «los expectantes», como dicho anteriormente. Su fe trajo consigo un nacimiento y una serie de eventos milagrosos que cumplieron la antigua promesa según la cual Dios cobraría plena realidad en la tierra. Jesús nació entre la confusión y la discordia de un mundo que había perdido la fe y estaba a punto de perder la esperanza. En el momento más sombrío surgió la Luz, y en medio de ella un coro de ángeles proclamó que había nacido una nueva esperanza y que se iniciaba un renacimiento espiritual sin precedente en la tierra.

Hoy en día, 2.000 años más tarde, se nos está recordando de nuevo de dónde venimos y se nos está alentando a retirar las distracciones del mundo material de nuestra visión espiritual, a no escuchar un mundo exterior en estado de caos, y a no dejarnos cegar por un mundo de apariencias. Se nos está alentando a volvernos *hacia nuestro interior,* que encierra una fuente de espíritu que trasciende las palabras: un silencio lleno de paz, armonía, luz y —sobre todo— esperanza para el próximo acto de este gran drama espiritual que se está representando en el escenario del mundo.

El mundo está atravesando hoy en día otro período de tinieblas, pruebas y transición. Aunque el comunismo cayó junto con el Muro de Berlín, muchos países siguen dominados por antiguas guerras basadas en el odio y en las diferencias religiosas: guerras desgarradoras en Bosnia, Serbia y Croacia; masacres y genocidio en Ruanda; bombarderos suicidas en el Medio Oriente; aumento de los crímenes contra minorías en Estados Unidos y otras partes del mundo. Estamos viviendo momentos realmente sombríos. Y, sin embargo, las fuerzas de las tinieblas y los poderes del mal sólo pueden extender su dominio sobre aquello que ponemos en sus manos. Recordando la definición que Cayce ofreció de Cristo y del anticristo:

> Los frutos del espíritu de Cristo son el amor, la alegría, la obediencia, la longanimidad, el amor fraterno, la amabilidad. *No existe ley en su contra.* El espíritu del odio, o sea el anticristo, es la controversia, el conflicto, el vituperio, el narcisismo, la vanagloria. Éstos son el anticristo, *se apoderan de los grupos*, de las masas, y se muestran incluso en las vidas de los hombres (Cursiva del autor)[19].

En esta época de transición, podemos caer en la trampa del anticristo —Satanás— si perdemos la esperanza o nuestra fe en lo Divino. Al hacerlo, nos exponemos a los mismos poderes y ángeles caídos que se han examinado en el presente libro, a esos seres que lucharon contra el arcángel Miguel en el principio y que siguen «apoderándose de los grupos». Podemos, *por elección propia,* prestar oído a las voces de la desesperanza. Como hemos visto, Satanás es una fuerza real. Ahora bien, su influencia se ejerce únicamente a través del mundo material y de la elección. Si existe un puñado de personas que no han perdido ni la esperanza ni la fe, independientemente del infierno en que parezca haberse convertido el mundo, entonces los ángeles de la luz podrán prestar su ayuda a quienes mantienen la esperanza, oran y enfrentan las adversidades en plena fe. Los ángeles podrán entonces realizar su misión de facilitar el despertar y traer paz a la tierra.

Los mensajes angélicos de paz se están manifestando por doquier; se hace mención a ellos en los periódicos, la televisión y las revistas nacionales, así como en relatos individuales tales como los descritos en el capítulo 1 y en otros medios. Como en tiempos de la Biblia, sigue habiendo personas elegidas para transmitir esperanza, videntes de la época moderna entre los que destacan Rudolf Steiner y Edgar Cayce. En medio de las tinieblas del mundo, estos portadores de luz nos alientan a seguir adelante, tener fe y mantener el ánimo.

Las manifestaciones angélicas que actualmente presenciamos nos retan a ver más allá de un mundo en plena transición. Al reflexionar sobre la actividad de los ángeles, debemos preguntarnos: ¿Qué significan para nosotros tales experiencias a nivel personal? ¿Nos inspiran esperanza? ¿Nos permiten ser un ángel para otra persona? ¿Creemos que *hay* alguna esperanza para el nuevo mundo que está por llegar? Éste es precisamente el momento de detenernos a hacer un balance de este extraordinario mundo que es el nuestro y de los milagrosos acontecimientos que se están produciendo a nuestro alrededor. Es el momento de alejarnos de las distracciones del mundo material para meditar y aceptar la realidad de que, desde el punto de vista espiritual, no estamos solos, ni lo hemos estado nunca. Nuestra marginación de la luz divina y del amor de Dios es nada más que pura ilusión. Los ángeles —esas voces de Dios, celestiales y polifacéticas— están proclamando que pertenecemos a su reino de ilimitadas potencialidades espirituales.

Tan sólo hace falta que nos percatemos de ello, que lo creamos y lo manifestemos en nuestro mundo. Ha llegado el momento de reafirmar que formamos parte del proyecto divino de Dios, y de cumplir esa promesa transmitida, a través de los siglos, a las almas que han entrado en el mundo material, esas palabras que Cristo pronunció hace 2.000 años y que siguen siendo ciertas: *Estaré con ustedes siempre, hasta el fin del mundo.* Porque necesitamos ese alivio y consuelo divinos, así como el mensaje de que Dios siempre vela por nosotros, nos ama y desea hablarnos. Lo único que hemos de hacer es serenarnos y guardar silencio. Y escuchar... escuchar... escuchar...

La nueva Jerusalén

Vi además la ciudad santa, la nueva Jerusalén, que bajaba del cielo, procedente de Dios, preparada como una novia hermosamente vestida para su prometido [...] (Apocalipsis 21:2).

Notas finales

Prefacio

1. Lectura 440-4.

Capítulo Uno

No estamos solos

1. Revista *Time,* 27 de diciembre de 1993, pág. 56.

Capítulo Dos

Elegido por un ángel

1. Edgar Cayce, Lectura 294-1.

Capítulo Tres

El arcángel Miguel

1. Lectura 254-52.
2. Lectura 440-4.
3. Lectura 262-1.
4. Lectura 254-42.
5. Lectura 262-28.
6. *Metaphysical Bible Dictionary,* Charles Fillmore, págs. 700-701.
7. Lectura 585-1.
8. *Michaelmas and the Soul Forces of Man,* Rudolf Steiner, págs. 13-14.
9. Informe de lecturas, 254-42.
10. Lectura 262-27.
11. Lectura 262-30.
12. Informe de lecturas, 262-61; actas de Edgar Cayce sobre la Biblia, pág. 49.
13. Lectura 262-28.
14. Lectura 262-29.
15. *Ibid.*
16. *The Flaming Sword,* Nancy Fullwood, págs. 23-24.
17. Lectura 1561-19.
18. Lectura 294-208.
19. *A Seer Out of Season,* Harmon Bro, Ph.D., pág. 375.
20. Lectura 2897-4.

21. Lectura 262-28.
22. Lectura 2533-7.
23. Lectura 262-33.

Capítulo Cuatro

El Señor del Karma

1. Lectura 262-56.
2. Lectura 262-57.
3. *There Is a River*, Thomas Sugrue, pág. 310.
4. Lectura 254-83.
5. *A Life of Jesus the Christ—From Cosmic Origins to the Second Coming*, Richard Henry Drummond, pág. 73.
6. *Mystical Theology and the Celestial Hierarchy*, Dionysius, citado en *Dictionary of Angels* de Gustav Davidson, pág. 52.
7. Lectura 5749-3.
8. Informe de lecturas, 262-56.
9. Lectura 262-71.
10. *Ibid.*
11. *Ibid.*
12. Lectura 254-83.
13. Lectura 254-71.
14. «The Alaliel Question», W.H. Church, *Venture Inward*, mayo/junio de 1992, págs. 33, 34.
15. Informe de lecturas, 262-56.
16. Lectura 254-71.
17. Lectura 3976-15.
18. *Ibid.*
19. Lectura 262-97.
20. Lectura 262-77.
21. Lectura 262-128.

Capítulo Cinco

La jerarquía de los ángeles

1. *Heaven and Hell*, Emanuel Swedenborg, págs. 145-146.
2. *Angels—The Role of Celestial Guardians and Beings of Light*, Paola Giovetti, págs. 103-104.
3. *Ibid.*, pág. 48.
4. *Rediscovering the Angels*, Flower Newhouse, pág. 66.

5. *Ibid.*
6. Lectura 257-123.

Capítulo Seis
Satanás y sus ángeles caídos
1. Lectura 281-16.
2. Lectura 1159-1.
3. *Dictionary of Angels*, Gustav Davidson, pág. 176.
4. *People of the Lie: The Hope for Healing Human Evil*, M. Scott Peck, M.D., pág. 203.
5. *Know Your Angels*, John Ronner, pág. 67.
6. Lectura 262-89.
7. Lectura 262-52.
8. Lectura 5221-1.
9. *Venture Inward*, Hugh Lynn Cayce, pág. 130.
10. Lectura 1297-1.
11. *Return from Tomorrow*, George Ritchie, M.D., pág. 115.
12. *Ibid.*, pág. 116.
13. Lectura 262-119.
14. «C.S. Lewis on Bad Angels», citado en *Forbidden Mysteries of Enoc* de Elizabeth Clare Prophet, pág. 333.
15. Lectura 262-52.
16. *Know Your Angels*, John Ronner, pág. 66.
17. Lectura 1968-2.
18. *Know Your Angels*, John Ronner, pág. 66.

Capítulo Siete
La promesa angélica: de Adán a Jesús
1. *There Is a River*, Thomas Sugrue, pág. 311.
2 Informe de lecturas, 262-61; actas de Edgar Cayce sobre la Biblia, pág. 2.
3. Lectura 5023-2.
4. Lectura 826-11.
5. Lectura 2072-4.
6. *Lives of the Master*, Glenn Sanderfur, pág. 91.
7. Lectura 364-9.
8. Informe de lecturas, 262-61; actas de Edgar Cayce sobre la Biblia, pág. 7.
9. *Ibid.*, pág.1.

10. *A Life of Jesus the Christ: From Cosmic Origins to the Second Coming,* Richard H. Drummond, Ph.D., pág. 11.

Capítulo Ocho

Nuestros queridos ángeles de la guarda

1. *Creating with the Angels,* Terry Lynn Taylor, págs. 176-186.
2. Lectura 538-59.
3. Lectura 1909-3.
4. Lectura 5755-2.
5. Lectura 136-45.
6. Lectura 136-33.
7. Lectura 136-48.
8. *The Boy Who Saw True,* con comentario de Cyril Scott, pág. 97.
9. *Ibid.,* pág. 144.
10. *Ibid.,* pág. 182.
11. *Ibid.,* pág. 184.
12. *Ibid.,* pág. 209.
13. *Creating with the Angels,* Terry Lynn Taylor, pág. xiii.
14. Lectura 440-8.
15. *Ibid.*
16. *Embraced by the Light,* Betty Eadie, págs. 103, 121.
17. *Know Your Angels,* John Ronner, pág. 23.
18. Lectura 5749-15.
19. Lectura 281-16.

Bibliografía

Anónimo. *The Boy Who Saw True*. Essex, England: The C.W. Daniel Company, Limited, 1953.

Begbie, Harold. *On the Side of Angels: A Reply to Arthur Machen.* London, England: Hodder and Stoughton, 1915.

Bro, Harmon Hartzell. *A Seer Out of Season—The Life of Edgar Cayce.* New York, N.Y.: New American Library, 1989.

Bucke, Richard Maurice. *Cosmic Consciousness.* New York, N.Y.: Causeway Books, 1974.

Burnham, Sophy. *A Book of Angels.* New York, N.Y.: Ballantine Books, 1990.

Carey, Kenneth X. *The Vision—A Personal Call to Create a New World.* New York, N.Y.: HarperCollins, 1992.

Cayce, Edgar. *Psychic Development.* Volumen 8 de Edgar Cayce Library Series. Virginia Beach, Va.: A.R.E. Press, 1978.

Cayce, Edgar. *The Revelation: A Commentary Based on a Study of Twenty-Four Psychic Discourses by Edgar Cayce.* Virginia Beach, Va.: A.R.E. Press, 1945, 1952, 1969.

Cayce, Edgar. *The Study Group Readings.* Volumen 7 de Edgar Cayce Library Series. Virginia Beach, Va.: A.R.E. Press, 1977.

Cayce, Hugh Lynn. *Venture Inward.* New York, N.Y.: Harper & Row, 1964.

Crim, Kenneth, editor. *The Perennial Dictionary of World Religions.* New York, N.Y.: Harper & Row, 1989.

Danielou, Jean. *The Angels and Their Mission.* Traducido por David Heimann. Westminster, Md.: The Newman Press, 1957.

Davidson, Gustav. *A Dictionary of Angels—Including the Fallen Angels.* New York, N.Y.: The Free Press, 1967.

Drummond, Richard H. *A Life of Jesus the Christ—From Cosmic Origins to the Second Coming.* San Francisco, California: Harper & Row, 1989.

Drummond, Richard H. *Unto the Churches—Jesus Christ, Christianity, and the Edgar Cayce Readings*. Virginia Beach, Va.: A.R.E. Press, 1978.

Eadie, Betty J. *Embraced by the Light*. Placerville, Calif.: Gold Leaf Press, 1992.

Fillmore, Charles. *Metaphysical Bible Dictionary*. Unity Village, Missouri: Unity School of Christianity, 1931.

Fullwood, Nancy. *The Flaming Sword*. New York, N.Y.: MaCoy Publishing, 1935.

Giovetti, Paolo. *Angels—The Role of Celestial Guardians and Beings of Light*. Traducido por Toby McCormick. York Beach, Maine: Samuel Wieser, Inc., 1993.

Govinda, Lama. *Foundations of Tibetan Mysticism*. New York, N.Y.: Samuel Weiser, Inc., 1971.

Grant, Robert J. *Love and Roses from David: A Legacy of Living and Dying*. Virginia Beach, Va.: A.R.E. Press, 1994.

Howard, Jane M. *Commune with the Angels*. Virginia Beach, Va.: A.R.E. Press, 1992.

Irion, J. Everett. *Interpreting The Revelation with Edgar Cayce*. Virginia Beach, Va.: A.R.E. Press, 1982.

Komroff, Manuel, ed. *The Apocrypha or Non-Canonical Books of the Bible—The King James Version*. New York, N.Y.: Tudor Publishing Co., 1937.

Laurence, Richard. *The Book of Enoc the Prophet*. London: Kegan, Paul, Trench & Co., 1883.

Lewis, C.S. *The Screwtape Letters*. New York, N.Y.: The Macmillan Company, 1948.

Martin, Malachi. *Hostage to the Devil: The Possession and Exorcism of Five Living Americans*. New York, N.Y.: Perennial Library, 1976.

Nelson, Kirk. *The Second Coming*. Virginia Beach, Va.: Wright Publishing Company, 1986.

Newhouse, Flower A. *Natives of Eternity*. Escondido, Calif.: The Christward Ministry, 1937, 1944, 1950, 1965.

Newhouse, Flower A. *Rediscovering the Angels*. Escondido, Calif.: The Christward Ministry, 1950, 1966.

Peck, M. Scott. *People of the Lie—The Hope for Healing Human Evil*. New York, N.Y.: Simon & Schuster, 1983.

Prophet, Elizabeth Clare. *Forbidden Mysteries of Enoc: The Untold Story of Men and Angels*. Livingston, Mont.: Summit University Press, 1983.

Redfield, James. *The Celestine Prophecy—An Adventure*. New York, N.Y.: Warner Books, 1994.

Ritchie, George, M.D., with Elizabeth Sherrill. *Return from Tomorrow*. Tarrytown, N.Y.: Spire Books, 1978.

Ronner, John E. *Know Your Angels—The Angel Almanac with Biographies*. Murfreesboro, Tenn.: Mamre Press, 1993.

Schroff, Lois. *The Archangel Michael*. Herndon, Va.: New Light Books, 1990.

Smith, Robert C. *In the Presence of Angels*. Virginia Beach, Va.: A.R.E. Press, 1993.

Sparrow, G. Scott. *I Am with You Always*. New York, N.Y.: Bantam Books, 1995.

Steiner, Rudolf. *Michaelmas and the Soul-Forces of Man*. Spring Valley, N.Y.: Anthroposophic Press, 1946.

Sugrue, Thomas. *There Is a River—The Story of Edgar Cayce*. Virginia Beach, Va.: A.R.E. Press, 1970.

Swedenborg, Emanuel. *Earths in the Starry Heaven—Their Inhabitants, and the Spirits and Angels There—From Things Seen and Heard*. London, England: Swedenborg Society, Inc., 1860.

Swedenborg, Emanuel. *Heaven and Hell—From Things Seen and Heard*. New York, N.Y.: Swedenborg Foundation, Inc., 1852.

Taylor, Terry Lynn. *Creating with the Angels—An Angels-Guided Journey into Creativity*. Tiburon, Calif.: H.J. Kramer, Inc., 1993.

Taylor, Terry Lynn. *Guardians of Hope—The Angels' Guide to Personal Growth.* Tiburon, Calif.: H.J. Kramer, Inc., 1992.

Acerca del autor

Robert J. Grant ha impartido conferencias y talleres sobre el tema de los ángeles y arcángeles en todo Estados Unidos y Canadá. Durante más de cinco años, trabajó con el equipo que computarizó la colección completa de las más de 14.000 lecturas psíquicas de Edgar Cayce y correspondencia relacionada. Se le considera un experto de la colección de lecturas, sobre todo en lo tocante a ángeles y arcángeles.

Tras formarse como periodista en la Marina de los Estados Unidos, Robert viajó extensamente por Europa y el Mediterráneo Oriental durante la crisis de Beirut de 1983-1984, trabajando como corresponsal para la televisión, la radio y varios periódicos. Fue posteriormente condecorado con la Medalla de distinción de la Marina de los Estados Unidos por su excepcional labor como periodista audiovisual y de prensa durante ese volátil período. Es asimismo autor de *The Place We Call Home* y *A Universe of Worlds* publicado por A.R.E. Press. Robert vive y trabaja en Virginia Beach, Virginia.

GLOSARIO

afirmaciones: declaraciones positivas expresadas verbal o mentalmente para reprogramar la subconsciencia de forma reflexiva y así obrar y expresarse constructivamente en el mundo físico. (Véase: *meditación*).

alma: aspecto eterno de nuestro ser total que es nuestra herencia espiritual. (Véase: *entidad*).

anticristo: fuerza invisible que incita al odio, la controversia, el egoísmo, el conflicto, el vituperio, el narcisismo, la vanagloria...; se apodera de grupos y masas, manifestándose en guerras, racismo, sexismo, hambruna, limpieza étnica, genocidio, etc.; espíritu de la rebelión dentro de cada alma que se ha separado de la fuente divina y que se opone a las enseñanzas de Jesucristo (Véase: *Conciencia Crística*).

Apocalipsis: del griego que significa «revelación» o la manifestación de una verdad secreta u oculta. Nombre del último libro de la Biblia que describe la visión mística del apóstol Juan mientras estaba en la isla de Patmos. La interpretación que Edgar Cayce aportó sobre este libro fue que es mayormente emblemático y que trata de las pautas en la senda hacia la iluminación espiritual. Edgar Cayce realizó una serie de lecturas dedicadas a desvelar el significado de estos intrincados símbolos.

aura: campo de energía que rodea todo ser viviente y que puede ser percibido por algunas personas con facultades psíquicas. Edgar Cayce siempre vio las auras en estado consciente y escribió un texto acerca de su propia percepción y perspicacia del aura humana [*Auras / el Color*, Arkano Books, Madrid, 2005].

canal: persona que sirve de cauce o vía de transmisión —desde las esferas invisibles hacia la visible o material— de comunicaciones, energías o ideas. Si bien, en la actualidad, muchos usan esta palabra para referirse a una persona que recibe información de ciertos espíritus o entidades descarnadas, Edgar Cayce siempre sugirió la canalización de las Fuerzas Divinas en exclusiva y únicamente para el bien de los demás, nunca para motivos egoístas. (Véase: *canalizar*).

canalizar: abrir nuestro ser para servir de cauce o canal espiritual para la transmisión de comunicaciones, energías o ideas. Edgar

Cayce canalizó información de varias fuentes —la mayoría de éstas son de las Fuerzas Superiores— y afirmó que cada uno de nosotros también puede convertirse en un canal de bendiciones, alivio y esperanza para los demás. (Véase: *canal*).

cauce: (Véase: *canal*)

centros espirituales: Edgar Cayce trasmitió en numerosas ocasiones que estos centros son parte del ser humano; algunos residen incluso en las glándulas endocrinas principales y también forman parte de nuestros cuerpos sutiles: emocional, mental y espiritual; por lo tanto, son considerados como nexos de energía biofísica y metafísica del ser humano. En Oriente, estos mismos centros se denominan «chakras». (Véase: *chakras*)

chakras: del antiguo sánscrito que significa «ruedas» o «círculos», son vórtices de energía que están asociados con los cuerpos sutiles y hay ciertos colores específicos que están asociados con cada chakra. Edgar Cayce nunca usó este término en sus lecturas, prefiriendo usar la expresión «centros espirituales» cuando exponía acerca de los puntos de contacto entre el cuerpo físico y el alma. (Véase: *centros espirituales*).

clarividencia: facultad psíquica que permite percibir objetos e información a grandes distancias, prescindiendo de los cinco sentidos.

conciencia: propiedad mental y espiritual del ser humano de reconocerse en sus cualidades esenciales y en todos los cambios que en sí mismo experimenta. Existen tres niveles de conciencia: la *conciencia* [mente en estado alerta], la *subconciencia* [mente del alma] y la *supraconciencia* [mente del espíritu].

Conciencia Crística: es, en las lecturas de Cayce, sinónimo con la Conciencia Divina y designa la experiencia del espíritu de Jesucristo; es la huella del Creador grabada de forma inmanente en cada entidad, y es la vía a la reunión del alma con Dios.

Conciencia Universal: Mente Universal, Conciencia Cósmica, Conciencia Divina o Mente de Dios.

cuerpo astral: especie de cuerpo etéreo que los ocultistas, espiritualistas y teósofos a veces llaman el «doble» energético del cuerpo físico de una persona. Esta manifestación invisible del alma se separa del cuerpo físico durante las experiencias extracorpóreas de corta duración (sueños, proyección astral, etc.) y la propia muerte física.

el más allá: dimensión o estado de conciencia que los humanos perciben después de su experiencia en la tierra ya que estos siempre trascienden la muerte del cuerpo físico. (Véase: *muerte*).

entidad: en las lecturas de Cayce, *entidad* es casi siempre intercambiable con el término *alma*, y representa la totalidad del ser incluyendo todo aspecto fuera de la existencia física. Cada entidad, siendo asexual y eterna, fue creada a imagen de Dios y tiene un nombre propio, el cual es olvidado durante su estancia en la tierra. El destino de cada entidad es conocerse a si misma y usar su libre albedrío para convertirse, por convicción propia, en una fiel y amorosa compañera de Dios. (Véase: *alma*).

escritura automática: producción de mensajes inteligibles sin el control consciente de lo que se escribe; a menudo implica un estado inconsciente en el cual uno «despierta» sin recordar la experiencia. También puede que implique alguna forma de posesión o influencia descarnada, por lo cual Cayce siempre aconsejaba no abrir nuestro ser de esa manera. (Véase: *escritura inspirada*).

escritura inspirada: escritura creativa que se inspira del propio ser interior conforme al desarrollo del alma. Edgar Cayce reveló que la meditación es esencial para escribir de esta manera. (Véase: *escritura automática*).

esenios: secta judía de los tiempos de Jesucristo. Cayce afirmó que en la sociedad de los esenios, cuyo nombre en hebreo antiguo significa «expectantes», los hombres y las mujeres vivían y trabajaban lado a lado en todos los aspectos de la sociedad.

espíritu: fuerza vital o energía divina que da vida a todo ser y es la fuente de la vitalidad de un individuo.

espiritualismo: movimiento religioso a mediados del siglo XIX que se esforzaba por conocer acerca de la vida después de la muerte y de la comunicación con espíritus descarnados.

éteres: en la metafísica, fluidos o energías cósmicas que rodean e impregnan el universo entero. Los éteres son los medios por los que se transmite la telepatía y telequinesia. Edgar Cayce afirmó que los registros akásicos están grabados en los éteres, los cuales se encuentran en la estratosfera que engloba la tierra.

Fuerzas o Energías Creadoras: Cayce usaba estas frases cuando se refería a Dios propio. En concreto, estas son manifestaciones energéticas de lo divino en cuanto a la fuerza vital dentro del cuerpo humano.

ideal: es un modelo o patrón por el cual uno rige su vida por convicción propia. Edgar Cayce señaló que si los ideales mentales y físicos llegan a armonizar con el ideal espiritual, la vida se convierte en una fuente de alivio, paz, esperanza y amor.

iluminación: históricamente, se refiere a una época de desarrollo intelectual y libertad propia. En las tradiciones espirituales, se refiere a un despertar de conciencia a lo divino; literalmente: una mente llena de luz.

intuición: saber y comprender algo directa e inmediatamente prescindiendo de la inteligencia o la razón. El alcance de la intuición es un buen medidor del desarrollo del alma en la tierra y se desarrolla a plenitud con la ayuda de una fe inexorable y con la ardiente búsqueda de Dios en la meditación.

karma: del antiguo sánscrito, significa «acto» o «hecho»; es un principio cósmico y divino que denota la ley de la justicia natural, es causa y efecto: «... cada uno cosecha lo que siembra» (Gálatas 6:7). Es la ley por la cual cada acto, pensamiento, palabra, o hecho crea una reacción de fuerza equivalente que regresa a nosotros. Existe por piedad divina como un instrumento para el desarrollo del alma y no es castigo o premio alguno, sino para que logremos la reunión final con nuestro Creador y finalmente nos convirtamos en sus compañeros eternos, el cual es el propósito con el que Dios creó a las almas.

libre albedrío: el poder de obrar por reflexión y elección propia, que es don divino y un atributo del alma.

meditación: proceso de sintonía de nuestro ser interior —físico, mental y espiritual— con lo divino a través de la perseverante aplicación de formulas que son específicas para cada individuo: repetición de un mantra o afirmación; cánticos; técnicas de respiración; uso de incienso, música, candelas, etc., siempre con la intención de hacerse más y más receptivo a las influencias divinas que nos guían. Edgar Cayce afirmó que la meditación es escuchar a Dios, mientras que la oración es enviar un mensaje a Dios. (Véase: *oración*).

médium: persona que, bajo trance, hace las de intermediario entre entidades incorpóreas y corpóreas; en algunas lecturas, Edgar Cayce muy pocas veces funcionó como un médium canalizando mensajes de otras entidades; la mayoría de veces fue su misma subconsciencia la que buscaba y transmitía la información.

mente: aspecto del alma que proyecta y construye; está formada de varios niveles incluyendo la supraconciencia, la subconsciencia o estado inconsciente, y la consciencia en estado alerta. (Véase: *conciencia*).

místico/a: persona que regularmente entra en contacto directo o unión con lo divino; se caracteriza por haber vivido experiencias de éxtasis, unidad absoluta, eternidad, perdida del ego, revelación divina.

muerte: las lecturas de Edgar Cayce a menudo afirmaban que la vida es eterna y que lo que en la tierra llamamos muerte es solamente un paso transitorio a otras esferas de existencia y no extinción u olvido total.

oración: un sincero intento de comunicarse con Dios o las Fuerzas Creadoras. Es una suplica a lo Divino para el beneficio de otro ser humano y de uno mismo. Edgar Cayce afirmó que la oración es enviar un mensaje a Dios, mientras que la meditación es escuchar a Dios. Es más eficaz cuando mantenemos, en el corazón y la mente, aquella eterna promesa: «... recibirán todo lo que pidan en oración» (Mateo 21:22). (Véase: *meditación*).

psíquico: del griego *psique*, «alma», califica todo lo relativo al alma y por lo tanto es una característica inmanente del ser humano. Experiencias y fenómenos psíquicos a menudo tienen que ver con fuerzas e influencias incorpóreas o sobrenaturales. En la actualidad, este adjetivo se ve usado más y más como sustantivo para referirse a un individuo que es inusualmente sensible a las fuerzas invisibles y que demuestra habilidades que trascienden las leyes físicas y la lógica humana, como Edgar Cayce. Bajo trance, el mismo Cayce afirmó una y otra vez que todo lo que él hacía, igual lo podríamos hacer nosotros, si nos esmeramos en conseguirlo.

reencarnación: proceso de renacer en un cuerpo físico con el propósito de progresar en la evolución del alma propia y/o de los demás.

registros akásicos: memoria universal que guarda toda experiencia, habida y por haber, desde el principio de todos los tiempos. En Oriente, donde también se denominan «Akasa», se cree que estos registros son grabados en un medio incorpóreo e indeleble: los éteres. Edgar Cayce también se refirió a estos como «Libro de la Vida» y sintonizaba con tal libro cuando transmitía cierto tipo de lecturas psíquicas.

sintonía (o armonía): experiencia mística del individuo que se concentra y calla su mente de tal manera que su conciencia crea un vínculo directo con Dios —o Fuerzas Creadoras—, usualmente durante la meditación. (Véase: *meditación*).

subconciencia: mente profunda e inconsciente que está asociada con el sistema nervioso autónomo, el cual rige los procesos rítmicos y automáticos del cuerpo: respiración, latir del corazón, digestión, etc. Las lecturas de Cayce señalan que la subconciencia es la mente del alma o alma-mente y que no olvida absolutamente nada: de ahí las cicatrices. La subconciencia puede reprogramarse a base de hipnoterapia o autosugestión, y obtener resultados perdurables.

supraconciencia: mente superior o conciencia superior que es el nivel más alto y puro del alma, y tiene el poder de la omnisciencia porque trasciende todo nivel de conciencia. De acuerdo con Cayce, la supraconciencia se encuentra tan cerca de la Conciencia Divina que es casi indistinguible de ella, y posee la imagen divina ya que nunca se separó del Creador. Este estado mental se vive y siente durante las experiencias místicas.

Descubra el legado de Edgar Cayce

A.R.E.®, Association for Research and Enlightenment, Inc. *(Asociación para la Investigación y la Iluminación),* es la organización sin fines lucrativos que fue fundada en 1931 por Edgar Cayce (1877-1945). El A.R.E. conserva, investiga y difunde las lecturas psíquicas de Edgar Cayce: una amplia fuente de información que atrae a personas—de diversas culturas y tradiciones espirituales—quienes en ella encuentran principios y consejos que transforman su vida beneficiosamente.

La obra del A.R.E. se extiende desde su sede en Virginia Beach a muchos lugares del mundo; donde socios y amigos demuestran su amor por Dios y la humanidad realizando seminarios, charlas y otras actividades edificantes. Toda persona interesada es animada a participar en programas sobre diversos temas, como: medicina holística, sueños, reencarnación, facultades psíquicas, oración, meditación y desarrollo espiritual.

El A.R.E. fomenta la creación de grupos de estudio para el desarrollo espiritual; organiza conferencias; publica una revista para miembros; dirige un grupo de oración a nivel local y vía Internet; Cuenta con un centro educativo de masajes holísticos y un centro de salud que ofrece terapias naturales. Además, está asociado con Atlantic University, que ofrece un plan de estudios holístico que conduce a una maestría en estudios transpersonales.

Para recibir mayor información, favor de contactar:

A.R.E.
215 67th Street
Virginia Beach, VA 23451-2061
U.S.A.

Tel: 1-757-428-3588 en cualquier parte del mundo.
Tel: 1-800-333-4499 sólo en EE.UU. y Canadá.

Internet: edgarcayce.org/espanol

Librería: arebookstore.com/espanol